당신의 제품과 서비스가
팔리지 않는 이유

당신의 제품과 서비스가 팔리지 않는 이유

초판 1쇄 발행 2023년 5월 11일

지은이　　　강재상
펴낸이　　　신현만
펴낸곳　　　(주)커리어케어 출판본부 SAYKOREA
출판본부장　이강필
편집　　　　손성원
마케팅　　　허성권
디자인　　　육일구디자인

등록　　　　2014년 1월 22일 (제2008-000060호)
주소　　　　03385 서울시 강남구 테헤란로 87길 35 금강타워3, 5-8F
전화　　　　02-2286-3813
팩스　　　　02-6008-3980
홈페이지　　www.saykorea.co.kr
인스타그램　instagram.com/saykoreabooks
트위터　　　twitter.com/saykoreabooks
블로그　　　blog.naver.com/saykoreabooks

ⓒ (주)커리어케어 2023
ISBN 979-11-977345-7-1 03320

당신의
제품과
서비스가

강재상 지음

팔리지
않는 이유

SAY KOREA

II. 시야를 넓혀라

III. Product-Market-Fit을 찾아라

6장. Product-Market-Fit은 사업의 열쇠다

이 책에는 '날 것'의 냄새가 난다. 저자가 스타트업 엑셀러레이터로서 다양한 프로그램을 운영하며 수많은 스타트업 창업자, 대기업 담당자, 투자자들과 머리를 맞대고 현장에서 고민한 여러 문제와 분석과 해결책이 생생하게 담겨 있다. 저자는 업계 내에 만연한 편견과 착각과 오해에 큰 소리로 외치듯 직설적으로, 시쳇말로 '뼈 때리는' 깨달음을 전한다. 본인의 사업/서비스가 잘 되지 않는 '진짜 이유'를 알고 싶은 스타트업 창업자, 마케터, 대기업 혁신 담당자 등 관련된 모든 이들의 일독을 권한다.

_Kearney Digital 파트너 최인철

저자의 선한 분노를 느낄 수 있었다. 수많은 스타트업을 코칭하며 얻게 된 깨달음. 이전의 지식들이 지금 사업을 하는 우리에게 항상 통하는 것은 아니라고, 여전히 오래전 지식으로 사업을 하는 이들에게 이건 아니라고 외치는 저자의 목소리를 책 곳곳에서 느낄 수 있었다. 사업을 지금보다 더 크게 성장시킬 수 있는 실제적인 조언이 책 여기저기에 보석처럼 박혀 있다. 우리가 알고 있었던 고객, 마케팅, 트렌드 등에 관해 새로운 관점을 제시해주는 멋진 책이다.

_YC컬리지 부대표 겸 마케팅 디렉터 문영호
『팬을 만드는 마케팅』『인스타그램 심리학』 저자

'아프니까 책이다!' 마케팅 책을 부지런히 찾아 읽는 이유는 무언가를 잘 팔려면 많은 공부가 필요하고, 여러 가지 접근과 관점이 필요하기 때문이다. 그런데 대개의 책은 '좋은 말 대잔치'다. 내 생각에 확신을 더해주니 금세 포만감이 느껴지고 기분이 좋아진다. 한편 어떤 책들은 읽는 내내 불편하다. 내가 가진 이론, 경험, 상식을 정통으로 깨부순다. 에두르지 않고 시종일관 생각을 '돌직구'로 때려버린다. 이 책 역시 쎄다. 곳곳에서 내가 가진 생각을 계속 흔들었다. 아니, 마케팅 책을 읽는데 이 스릴감은 무엇일까? 다 읽고 '무너진' 생각들을 정리하다 보니 그간 풀리지 않던 체증이 확 내려가는 기분이 들었다. 내겐 좋은 말 말고 뼈아픈 돌직구가 필요했구나 싶다. 여러분, 우리 함께 아파 보죠!

_플라잉웨일 대표 백영선(록담)

패스파인더넷 강재상 대표는 아마 국내에서 가장 많은 창업가를 만난 사람 중 한 명일 것이다. 창업가 중 한 사람으로서 나는 이 책이 전달하는 내용 하나하나에 창업가들의 수많은 시행착오와 희로애락이 담겨 있다는 것을 알고 있다. 그래서 지금 읽는 이가 창업가나 예비창업가라면, 책의 한 구절 한 구절을 빠르게 읽기보다는 꼭 '대화'하면서 읽어보기를 추천한다. 나 또한 예비창업가 시절 많은 창업 관련 글을 읽었지만, 돌이켜보면 꼭 시행착오를 겪고 나서야 '이 말이 그 뜻이었구나' 하고 뒤늦은 깨달음을 얻은 적이 많았다. 다시 창업을 한다면 이 책을 내 아이디어와 사업계획 옆에 두고 놓치는 부분이 있는지 하나씩 크로스체크를 해나가고 싶다. 스타트업의 여정에서 시행착오는 피할 수 없다. 그러나 그 대가는 비싸다. 굳이 하지 않아도 될 시행착오를 겪을 필요는 없다. 이 책은 시행착오를 줄이고 싶은 창업가를 위한 필독서다.

_비즈니스캔버스 공동창업자 & 대표 김우진

스타트업을 시작하는 창업자가 가장 고민해야 할 것은 시장에 맞는 제품을 론칭하는 것이다. 하지만 모든 제품들이 처음부터 시장에 들어맞는 경우는 없다. 기대와 다른 결과에 창업자들은 혼란에 빠지고, 앞으로 어떻게 해야 할지 막막한 상황을 맞게 된다. 이 책은 그러한 창업자들에게 시장에 맞는 제품을 검증하는 방법과 시행착오를 겪으면서도 앞으로 나아가는 방법을 알려준다. 길을 잃을 때마다 손을 뻗어서 책을 펼친다면 잃어버릴 뻔한 시간의 상당부분을 아낄 수 있을 것이다. 강재상 대표의 풍부한 경험과 옆에서 듣는 것처럼 생생한 증언들은 당신이 막연한 시장을 헤쳐 나가기 위한 훌륭한 가이드가 되어 줄 것이다.

배운 대로 제품을 만들었고, 정석대로 서비스를 제공하고, 이론대로 마케팅하고 있는데 왜 생각대로 안 팔리는 것일까? 종이 위, 주어진 상수값에 따라 문제를 풀어나가는 방식에 익숙한 우리는 모든 것이 끊임없이 변하는 고객과 시장 앞에서 혼란스러울 때가 많다. 이 책은 그러한 우리에게 신선한 관점과 길을 제시한다. 새로운 눈으로 우리의 서비스와 제품을 다시 바라볼 수 있다는 것 자체가 큰 기회다.

존재하는 모든 것들은 변화하는 환경에서 생존하려면 관성을 깨뜨려야 한다. 기업의 마케팅 방식도 마찬가지다. 관성을 깨기 위해 저자는 고객과 시장 그리고 마케팅과 기획을 모두 삐딱한 관점에서 보기 시작해야 한다고 이야기한다. 실제 컨설팅 경험에서 나오는 다양한 케이스가 저자의 이야기에 재미를 더한다. 단숨에 읽을 수 있는 마케팅 이야기다.

비즈니스 마케팅의 일타강사인 저자는 깊은 통찰력으로 마케팅을 바라보는 관점의 혁신을 제안한다. 또 누구나 익숙한 일상 속 사례들을 바탕으로 마케팅의 본질을 명쾌하고 재미있게 풀어낸다. 이 책은 차원이 다른 판매로 당신을 이끌 뿐만 아니라 매일같이 소비를 행위하고 있는 모든 이들이 자신을 바라보는 새로운 시각을 선사할 것이다.

_(주)뉴로어소시에이츠 대표 김윤이

마케팅은 단지 광고나 홍보의 개념이 아니다. 마케팅을 제대로 이해한다는 것은 고객을 제대로 이해하는 것에서 출발한다. 고객을 이해한다는 착각에서 시작된 제품과 서비스는 결국 문을 닫을 수밖에 없고, 고객을 이해하는 과정에 있다는 생각으로 제공되는 제품과 서비스는 끊임없는 조사와 분석을 통해 발전하게 된다. 이 책은 수십 권에 달하는 딱딱한 마케팅 고전을 쉽게 풀어 지금에 맞게 가슴에 와닿게 설명한다. 그의 인사이트는 고객과 시장을 이해하는 데 좋은 마케팅 안내서가 되어줄 것이다.

_서울벤처스 CMO 나유업
『나 코치의 파는 기술』 저자

이 책은 원론적이지 않다! 흔한 일반론에서 멈추지 않고 현장 적용과 확장이 가능한 효율적인 접근법으로 마케팅 개념들을 전달한다. 마케팅에 관한 편견을 깨고 시야를 넓혀 Product-Market-Fit을 찾아가는 여정이 빠르게 읽히며, 실제 사례와 분석을 적극적으로 활용하여 읽는 이의 이해를 돕고 적용의 폭을 넓혀준다. 특히 트렌드를 해석하고 PMF를 찾아가는 부분은 시장을 예측하고 고객을 이해하고 유연하게 대응할 수 있는 방향성을 제시한다. 기술과 소비시장의 급격한 변화에 어려움을 겪고 있는 기업 대표, 마케팅 담당자들에게 유용한 자료가 될 것을 확신한다. 저자가 실무에서 경험하고 쌓아왔던 인사이트를 압축해놓은 '정수(Essence)'로 구성된 만큼 자신 있게 일독을 추천한다.

_와이앤아처 상무 고은산

하루에도 수많은 제품이 출시되어 고객의 선택을 기다리는 세상에 우리는 살고 있다. 이들 제품은 기획부터 출시까지 셀 수 없는 고민과 선택을 통해 만들어진 결과물이고, 때문에 관계자들은 누구나 처음에는 달콤한 성공을 꿈꾼다. 하지만, 알다시피 현실은 달콤함보다는 쓰디쓴 경우가 대부분이다. 간혹 성공한 제품의 스토리를 접하면 이제까지 알던 상식과 방법론으로는 설명이 되지 않는 경우가 다반사다. 왜 이런 일이 생기는 것일까? 혹시 이제까지의 과거가 미래를 예측하는 데 그다지 도움이 되지 않는 시대가 도래한 것은 아닐까? 그럼 이제 어떻게 대응을 하고 준비를 해야 할까? 강재상 대표가 쓴 이 책에는 이 질문의 답이 들어 있다. 그간 이해되지 않았던 많은 일들을 이해하는 데 큰 도움을 준다. 속이 시원해지는 경험을 많은 분들이 함께 하길 기대해본다.

_IT동아 대표 강덕원

마케팅에 대한 지식과 인사이트가 필요할 때면 여전히 많은 사람들은 「마케팅 불변의 법칙」을 떠올린다. 마케팅의 바이블로 여겨지며 지금까지 변함없이 사랑받고 있는 고전이다. 하지만 이 책이 나왔을 당시에는 '디지털'도 없었고, '팬데믹'이나 'Gen Z'도 없었다. 이제는 모든 것이 달라졌다. 하지만 대부분의 사람들은 여전히 과거의 공식과 생각으로 자신의 제품과 서비스를 팔려고 한다. 다양한 커리어로 경험과 전문성을 쌓아온 저자는 「당신의 제품과 서비스가 팔리지 않는 이유」에서 지금까지의 마케팅 노하우를 통해 트렌드와 시장과 고객의 관계를 새롭게 정립한다. 치열한 스타트업 생태계에서 몸으로 배우고 익힌 저자의 틀을 깨는 관점과 방법을 통해 우리의 제품과 서비스가 고객에게 선택받을 수 있는 지름길을 찾아갈 수 있을 것이다.

_더워터멜론 공동대표 우승우
『창업가의 브랜딩』『디지털 시대와 노는법』
『오늘의 브랜드 내일의 브랜딩』『작지만 큰 브랜드』저자

20세기 생각의 틀로
21세기를 살아남을 수 있을까?

지금처럼 급격하게 모든 것이 변하는 시기가 있었는지 싶다. 단순히 코로나 이야기를 하려는 것이 아니다. 물론 지난 3년을 한 마디로 압축한다면 '코로나'라는 것에 그 누구도 이견이 없을 것이다. 세상을 급변하도록 가속화한 것은 팬데믹이 분명하다. 하지만 코로나 자체가 변화를 가져온 것은 아니다. 경제와 산업의 거대한 변화와 흐름이 급속도로 발전하는 기술과 만났고, 새로운 의식을 가진 세대가 본격적으로 사회에 진출하기 시작했다. 산업혁명 이후 이렇게 많은 변수가 동시다발적으로 발생해서 짧은 시간 동안 변화와 혁신을 이끌어 낸 시기가 인류 역사에서 과연 있었던가.

사업과 마케팅 영역도 예외가 아니다. 트렌드가 바뀌고 유행이 돌아오는 주기가 빨라졌다는 것은 중요하지 않다. 그것은 이미 일어난 변화다. 다만 지금까지는 마케팅에 대한 기본적인 접근론이나 실행방법까지 흔들리지는 않았다. 주목하고자 하는 부분은 이 지점이다.

이제껏 100여 년을 유지해온 마케팅의 방법론들을 지금도 있는 그대로 적용할 수 있을까?
20세기 마케팅이 과연 21세기에도 의미가 있을까?

나는 '왜 우리가 만든 제품과 서비스가 팔리지 않는지' 고민하는 이 시대의 마케터, 상품 기획자, 기업 대표들에게 하나의 답을 제시하고자 이 책을 썼다. 요 몇 년간 한 해 평균 500여 개 스타트업과 사내벤처의 교육과 멘토링, 또 국내 대기업의 신사업 개발 및 육성 프로그램을 운영해왔다. 이 경험을 바탕으로 과거와는 달라진 21세기 시장과 고객에 대한 이야기를 직·간접적으로 경험한 케이스를 곁들여 정리했다.

이 책에 담은 메시지가 여러분이 지금 하고 있는 사업과 일을 마케팅 측면에서 조금은 삐딱한 시선으로 바라보는 계기가 되었으면, 더 나아가 지금 내 주변에서 벌어지는 모든 현상을 바라보는 하나의 사고방식 또는 작은 철학이 되었으면 하는 마음이다.

2023년 봄
강재상

Ⅰ

편견을 깨라

사업과 마케팅의 시작점은 무조건 '고객'이다. 이는 강조하고 또 강조해도 지나치지 않는다. 사업이나 마케팅이 실패하는 유일한 이유는 고객이며, 성공하는 유일한 이유도 고객이다.

고객을 시작점으로 종국에는 PMF(Product-Market-Fit)까지 가는 여정이 사업이자 마케팅이다. 그 길에서 사업가나 마케터에게 가장 큰 장애물은 뜻밖에도 이미 갖고 있던 지식과 경험이다. 이 둘이 중요하지 않다는 의미는 아니다. 생각을 정리하고 계획하고 실행하는 데 기본적으로 갖춰야 할 역량임은 분명하다. 하지만 몇 번의 성공 경험이 쌓이면 지식과 경험은 어느덧 '편견'이 된다. 선글라스를 통해서 본 세상이 진정한 세상의 모습이 아니듯 편견을 통해서 본 고객은 진정한 고객의 모습이 아니다.

우리가 갖고 있던 편견을 삐딱하고 새로운 시선으로 다시 바라보자. 그리고 그동안 외면하거나 놓쳐왔던 고객의 진짜 속마음과 욕구를 알아보도록 하자.

1 장

고객을 이해하고
있다는 편견

사업가와 마케터, 기획자들이 고객을 생각할 때 갖는 편견이 있다. 그중 가장 큰 편견은 '고객은 현명하고 이성적으로 판단하며 자기주도적인 성향을 가지고 있다'는 가정이다.

고전경제학에서는 모든 인간이 주어진 정보하에서 최선의 판단을 한다는 '합리적 경제인'이라는 가정을 기본적인 전제로 삼는다. 마케팅 이론 역시 여기에서 출발한다. 충분한 정보를 가진 고객의 판단과 선택은 항상 논리적이기 때문에, 거기에 맞춰 사업과 마케팅 전략을 수립하고 실행하면 고객의 지갑을 열게 만들 수 있다고 생각한다. 과연 그럴까?

고객은 사람이고 사람은 동물이다. 합리적이고 이성적으로만 움직이는 것이 아니라 감정적이고 본능적인 판단과 행동도 한다. 심리·감정적인 자극으로 충동 소비를 하기도 하고, 불합리한 소비를 하면서 합리적이라고 뇌를 속이기도 한다.

이제부터 고객을 삐딱하고 색다른 시선으로 바라보고 거기에 맞춰 접근해보자. 그리고 고객이 어떻게 생각하고 행동하는지 이어서 살펴보자.

1. 고객은 거짓말을 한다

고객의 생각과 행동을 보면 서로 앞뒤가 맞지 않는 경우가 많다. 고객 스스로도 알지 못하는 무의식이 작용하는 것인데, 이를 바라보는 사업가나 마케터가 자신의 색안경으로 이를 또다시 왜곡해서 보기도 한다. 여러 가지 사례들을 통해 이제까지 지켜온 고객에 대한 편견을 깨고 새롭게 바라볼 수 있는 유연성을 가져보도록 하자.

고객은 스스로도 자신을 모른다

**기존 마케팅 접근법은
왜 제대로 작동하지 않는 것인가?**

트렌드가 시장을 큰 방향에서 움직이는 동력이라면, 고객은
시장을 구성하고 실제 시장을 만들어내는 구성원이자 주체
다. 그래서 사업과 마케팅의 시작점은 언제나 '고객'이다. 때
문에 기업은 고객의 니즈(Needs)를 파악하고 이를 충족시키
기 위해 노력한다. 고객 니즈에 맞춰 사업 전략과 마케팅 계
획을 수립하고 제품과 서비스를 준비하여 제공한다. 하지만
생각만큼 잘 먹히지 않는다. 대체 무엇이 문제일까?

결론부터 말하자면, 고객에 대한 사업 전략이나 마케팅의 기존
접근법이 시대를 정확하게 반영하지 못하고 있기 때문이다.

유심히 보면 기존 접근법은 대부분 '고객이 필요로 하지만 아
직 존재하지 않았던 제품과 서비스를 만들어 파는 것'에 집중
하고 있다. 여기에는 아직 드러나지 않은 고객 니즈와 시장을
발견해서 이를 충족시켜주는 제품과 서비스를 내놓으면 팔
릴 것이라는 전제가 깔려 있다. 혹은 누군가가 이를 발견했지

만, 아직 아무도 충분한 제품과 서비스를 내놓지 못한 것이고 우리가 그런 제품과 서비스를 내놓으면 고객이 살 것이라고 생각한다.

그러나 이런 전제가 지금도 유효한지 고민해볼 필요가 있다. 21세기 들어 우리나라를 포함해 전 세계 주요 시장의 고객들은 '결핍의 시대'를 지나 이미 웬만한 제품과 서비스를 대체로 누리고 있다. 특히 생존이나 생활 편의성에 관한 니즈는 거의 해소되었다. 이제까지 이런 것은 없었다고 할 만한 혁신적인 제품과 서비스는 좀처럼 나오기 힘든 상황이다. 그야말로 '풀소유의 시대'다.

요즘 고객들은 여태 누려본 적 없는 제품과 서비스를 구매하는 게 아니라 이미 가지고 있지만 추가로 또는 새로 구매하는 경향을 갖고 있다. 혹은 꼭 필요해서가 아니라 감정적으로 '갖고 싶다'는 생각에 구매하기도 한다. 이것이 지금의 시장과 고객에 맞는 전제다. 이미 충분히 갖고 있지만 더 갖고 싶게 만드는 것이 요즘 사업 전략과 마케팅이 추구해야 하는 방향성이다.

고객 니즈에 충실해도 제품과 서비스가
팔리지 않는 이유는 무엇일까?

고객 니즈는 고객이 지갑을 열기 위한 조건이지만, 니즈를 충족시켜준다고 해서 고객이 반드시 지갑을 열지는 않는다. 고객이 실제로 돈을 쓰기까지는 수많은 변수가 존재하기 때문이다. 먼저 기업이나 창업가가 고객에 관해 갖고 있는 편견을 짚어보자.

· 고객은 니즈를 충족시켜주면 지갑을 연다.
· 고객은 합리적으로 판단하고 능동적으로 행동한다.
· 고객은 반드시 필요해야 제품과 서비스를 산다.

너무나 당연하게 받아들이는 상식이라 머리가 멍할 것이다. 저 명제들이 반드시 틀리다는 의미는 아니다. 오히려 고객에게 다가가기 위한, 시장과 고객이 원하는 제품과 서비스를 만들어 팔기 위한 첫 단계이자 기본적인 접근법이다.

하지만 편견이라고 말하는 이유는 저러한 접근법에서 놓치는 부분을 발견하기 위해선 과감하게 생각의 틀을 바꿔보아야 하기 때문이다. 이미 고객의 니즈가 웬만큼 해결된 상황에서는 과거 결핍의 시대에 만들어진 틀에 얽매이지 않아야 한다.

위 명제들에 모두 물음표를 붙여보자.

- 고객은 니즈를 충족시켜주면 지갑을 연다?
- 고객은 합리적으로 판단하고 능동적으로 행동한다?
- 고객은 반드시 필요해야 제품과 서비스를 산다?

그리고 이제부터 각각의 명제를 한번 삐딱하게 살펴보자.

고객은 니즈를 충족시켜주면
지갑을 연다?

상품 기획 단계에서 고객 니즈 파악을 위해 고객을 인터뷰하
고 리서치하는 일은 매우 일반적이다. 이 분석 결과를 가지고
고객 니즈를 정확하게 정의하고 주요 구매 동인을 찾아낸다.
그리고 여기에 맞는 제품과 서비스를 개발하고 마케팅 커뮤
니케이션을 계획해서 실제로 판매 활동으로 이어지게 된다.

그런데 인터뷰와 리서치 결과만 보면 당연히 개발된 제품과
서비스가 잘 팔려야 하지만, 실제로는 그렇지 않은 경우가 점
차 많아지고 있다. 개인적으로는 이를 '고객 인터뷰와 리서치
의 배신'이라고 표현한다.

친환경이나 비건 제품, 자기계발 분야가 대표적이다. 인터뷰와 리서치에서 고객은 친환경에 매우 관심이 많고, 환경을 위해서라면 충분히 지갑을 열 용의가 있다고 말한다. 너무 제한적인 비건 형태만 아니라면 건강을 위해 비건 활동에 참여하고 비건 제품을 소비할 뜻이 있다고 말한다. 나의 성공적인 미래를 위해서라면 교육을 받고 책을 읽기 위해 돈을 아낌없이 쓰겠다고 말한다.

하지만 역시 현실은 다르다. 친환경과 비건 트렌드가 본격적으로 시작된 것만 해도 10년 가까이 지났는데 기후 위기는 여전히 심각하고 비건 제품은 주변에서 쉽게 눈에 띄지 않는다. 독서량은 나날이 떨어지고 성인교육 시장은 여전히 가능성만 이야기하고 있다. 고객은 친환경을 말하면서 최저가 제품을 찾고, 비건을 말하면서 배달음식을 시켜 먹고, 자기계발을 말하면서 넷플릭스를 본다.

고객 니즈가 명확한데, 니즈에 맞춘 제품과 서비스는 왜 팔리지 않는가?

앞서 말한 것처럼 고객의 말과 행동 사이의 괴리 때문이다. 고객이 실제 자기 니즈를 정확하게 파악하지 못한 채 이야기하거나, 추구해야 하는 방향성을 니즈로 착각해서 벌어지는 문제다. 심지어 본인의 생각과 판단이 아니라 남들이 그렇게 생각하기 때문에 따르는 경우도 있다.

그런데 여기에는 숨겨진 또 하나의 이유가 있다. 고객 니즈를 겨냥한 제품과 서비스는 고객의 관심을 끄는 데는 충분히 효과가 있겠지만, 고객이 지갑을 열게 만드는 요소는 따로 있다. 바로 고객이 가진 '판타지'다.

고객 니즈에서 한 발 더 깊이 들어가 고객의 속마음 혹은 무의식으로 들어가서 앞서 언급한 예시들을 해석해보자. 인터뷰나 리서치 결과를 곧이곧대로 받아들이지 말고 '고객이 왜 그렇게 말하고 행동했을까?'를 끊임없이 물어서 파고들어야만 알 수 있다.

- 친환경: 친환경에 기여하는 기분, 친환경도 생각하는 의식 있는 나, 환경파괴에 대한 죄책감 외
- 비건: 건강을 챙기고 있다는 안도감, 트렌디하다는 과시감 외
- 자기계발: 남들보다 뒤처지고 있다는 불안감, 성장과 발전을 위해 무언가를 하고 있다는 자기위안 외

고객의 속마음과 무의식을 이렇게 정돈하고 나면 인터뷰와

리서치에서 왜 그렇게 이야기했는지, 왜 행동은 달랐는지 그 이중성을 설명할 수 있다.

'친환경'에 관심이 많고 환경문제를 해결하겠다는 대답에서 한 단계 더 깊숙이 들어가면 친환경에 기여하고 있다는 보람, 나는 친환경에 관심이 많은 의식 있는 사람이라는 도취감, 그동안 해왔던 환경파괴 행위의 죄책감을 없애고 싶은 마음이 숨어 있는 니즈로 발견된다. '비건'은 내가 평소 건강에 관심이 많고 지금도 건강을 챙기고 있다는 안도감 그리고 새로운 트렌드에 내가 동참하고 있다는 과시 욕구가 숨어 있다. '자기계발'은 성장과 발전을 위해 일단 무엇이건 하고 있는 자신을 보면서 불안감을 해소하려는 마음이 숨어 있다.(물론 이 모든 경우는 해당 키워드를 하나의 강력한 신조로 갖고 있는 고객을 제외하고, 대중적인 고객 관점에서 설명한 것이다)

고객이 정말 원하는 것은 무의식 속에 숨어 있는 니즈를 해결해주는 판타지를 제공받는 것이다. 고객이 지갑을 여는 것은 친환경 제품과 서비스가 아니라 '친환경 운동에 참여하고 있는 듯한 느낌을 주지만 평소 쓰던 것들과 유사한 수준의 품질과 가격의 제품 또는 서비스'이고, 비건 음식이 아니라 '비건풍 정도로 타협한, 결국은 맛있고 적절한 가격의 음식'이며, 실제 자신의 성장과 발전보다는 '효과가 없더라도 쉽고 재미

있게 짧은 시간 동안 고생하지 않고 할 수 있으며 뿌듯함까지 얻을 수 있는 교육과 활동'이다.

고객은 합리적으로 판단하고
능동적으로 행동한다?

보통 기업과 창업가는 고객을 매우 능동적이고 이성적인 주체라고 전제한다. 고객은 자신의 니즈를 정확하게 알고, 그 니즈를 추구하기 위한 방법을 찾아내고, 제품과 서비스를 적극적으로 탐색하여 구입할 것이라고 이야기한다. 인간의 뇌 구조에서 이성을 지배하는 상위 뇌를 쓰고 있다고 가정하는 것이다. 그러나 고객은, 그러니까 사람은 이성 외에 감정과 본능의 지배도 받고 있다.

이성적으로 생각하고 합리적으로 판단하며 능동적으로 행동한다는 것은 이상적인 고객의 정의다. 현실 속 고객은 감정적인 면이 강하며 본능에도 충실하다. 따라서 기업과 창업가는 제품과 서비스를 설계하고 마케팅 전략을 구상하면서 고객의 합리성을 끊임없이 의심해야 한다.

또한 고객은 매우 수동적인 존재이기도 하다. 아침이나 저녁에 TV에서 방영되는 소위 정보 제공 프로그램들을 보면 전문가가 추천하고 일반인이 간증하는 각종 미용·건강 제품들이 나온다. 이때 동시간대 홈쇼핑 채널을 보면 어김없이 방금 본 제품 또는 유사한 제품을 팔고 있다. 정보 프로그램에서 제품을 추천하는 것이 간접광고나 협찬임을 모르는 사람뿐 아니라 인지하고 있는 사람들조차도 홈쇼핑 채널에서 그 제품을 살 가능성이 매우 높아진다. 업체들이 비싼 돈을 주면서도 굳이 간접광고와 협찬을 위해 돈을 쏟아붓는 이유다.

제품 하나 사는 데 여러 마트와 시장을 다 돌아 비교해가며 몇백 원이나 몇천 원을 아끼는 수고를 기꺼이 하면서도, 한꺼번에 사면 싸게 준다는 이유로 다 쓰지도 못하고 버리게 될 대형 벌크 제품을 사고 현명한 소비를 했다고 좋아하는 게 고객이다. 실상은 필요 이상의 돈을 쓴 것뿐이지만, 고객은 자기 생각과 판단이 맞았다는 백만 가지 이유를 떠올리며 스스로를 납득시킨다.

고객은 마냥 합리적이지도 능동적이지도 않다. 그러니 고객 니즈에 맞춰서 좋은 제품과 서비스를 만들면 고객이 먼저 알아보고 알아서 소문도 내주면서 많이 살 것이라는 생각은 참으로 순진하고 안이한 것이다.

고객은 반드시 필요해야 제품과
서비스를 산다?

생방송으로 진행되는 홈쇼핑을 보면 베테랑과 초보 쇼호스트가 명확하게 구분된다. 제품이 좋다는 말을 많이 쓰고 구매를 종용하면 초보에 하수다. 반면 베테랑 고수는 고객을 자기 프레임에 끌어들여 전혀 없던 구매 욕구조차 만들어낸다. 좋다는 말도, 사라는 말도 거의 없이 고객이 제품을 갈망하고 소유하고 싶게 만든다. 필요한 분만 사시라고, 굳이 사지 마시라고 이야기하는데 고객은 이미 주문을 했다.

이는 결핍의 시대에 나온 마케팅 접근법으로는 설명되지 않는다. 결핍이 있어야 이론이 성립하는데, 결핍이 없는 상황이기 때문이다. 지금은 없는 걸 제공하는 시대가 아니라 있어도 더 팔아야 하는 시대다. 결핍이 없다면 없던 결핍도 만들어내야 한다. 최근 매우 인상 깊게 본 베테랑 쇼호스트의 수건 판매 사례를 들어보겠다.

수건이 없는 집은 없다. 돌잔치건 결혼식이건 가게 오픈식이건 여기저기서 흔하게 받는 선물이 수건이다. 또한 고객 입장에선 매일같이 무의식적으로 쓰기 때문에 필요성을 전혀 의식하지 않는 대표적인 제품이기도 하다. 그런데 홈쇼핑에서 파는 수건을 보니 꽤나 가격이 나가는 프리미엄 제품이다. 베테랑 쇼호스트는 과연 어떻게 프리미엄 수건을 팔았을까?

물론 수건이 예쁘고 화장실 인테리어와 잘 어울린다는 식으로 팔아도 고객의 니즈를 자극한다는 면에서는 그리 나쁘지 않다. 그런데 쇼호스트가 취한 방식은 혀를 내두르게 했다. 쇼호스트는 먼저 수건의 비교 대상군으로 고급 화장품을 가져왔다. 피부 좋아지겠다고 수십만 원씩 하는 화장품에는 투자하시면서 수건은 왜 좋은 것을 쓰지 않으십니까, 싸구려 수건을 쓰면 거친 면이 피부에 자잘한 흠집을 내 상하게 만드는 걸 알고 계십니까, 그렇게 매번 피부에 상처를 내면서 화장품만 좋은 것을 쓰면 무슨 소용입니까, 좋은 화장품에 맞는 좋은 수건으로 피부를 제대로 관리하십시오, 라고 설득했다.

이미 수건은 많지만 지금 판매하는 제품은 평범한 수건이 아님을 인식시키면서, 비싼 프리미엄 수건의 가격 비교 대상을 일반 수건이 아닌 고급 화장품으로 바꿔 가격 민감도를 낮추고, 아름다워지고 싶다는 고객의 숨어 있는 니즈와 판타지를 한껏 자극하는 전략이었다. 당연히 전 물량이 완판됐다.

풀소유의 시대에 고객이 제품과 서비스를 사게 하려면 욕구를 새롭게 만들어주어야 한다. 지금 시대에 고객이 지갑을 여는 유형을 다음과 같이 정리할 수 있다.

- ·교체: 이미 있지만 낡은 듯해 바꾸고 싶다.
- ·추가: 이미 있지만 이런 것도 갖고 싶다.
- ·반복: 이미 있지만 충분히 보유하고 싶다.
- ·신규: 필요한 줄 몰랐는데 있으면 좋겠다.
- ·충동: 이유가 없다! 그냥 갖고 싶다!

'교체'는 고객이 이미 쓰고 있는 제품과 서비스가 낡았거나 시대에 뒤처졌다는 생각을 갖게 만들어서 구매를 유도하는 것이다. 삼성과 애플이 주기적으로 새 핸드폰 모델을 출시하며 이전 모델과 차별화된 새로운 형태와 기능 및 성능을 한껏 뽐내는 것을 생각해보자.

'추가'는 현재 제품에서 고객이 조금 불만족스러워하는 부분을 집요하게 파고드는 것이다. 예를 들어 고객에게 이미 8인용 밥솥이 있어도, 오래된 밥 대신 항상 방금 한 맛있는 밥을 먹으면서 설거지나 관리도 쉽게 할 수 있다는 메시지로 1인용 밥솥을 팔 수 있다.

'반복'의 경우는 '쟁여두세요'라는 메시지로 이해할 수 있다. 이미 집 안에 쌓여 있는 물건이지만, 마침 할인하고 있고 유통기한도 길기 때문에 지금 잔뜩 사는 게 가장 이득이라는 논리로 판다. 휴지나 세제, 비누 등 생필품과 화장품을 팔 때 많이 쓴다. 최근에는 구독서비스에서 초기 진입자에게 할인을 제공하는 방식으로 활용되기도 한다.

'신규'는 앞서 수건의 사례처럼 고객이 새로운 욕망에 눈뜨게 만드는 것이다. 요즘 생활필수품으로 자리 잡은 공기청정기를 떠올려보자. 공기청정기가 없다고 숨을 못 쉬거나 죽지는 않는다. 그러나 깨끗한 공기로 더 건강하고 쾌적한 공간을 만들고 싶다는 욕망을 심어주고 자극해서 고객의 니즈로 전환시켜 새로운 시장을 만들어냈다.

'충동'은 곧 '지름신 영접'이다. 모든 기업과 창업가, 마케터가 바라는 가장 이상적인 상황이다. 이는 제품과 서비스가 주는 효용만으로는 설명할 수 없는 소비다. 고객의 이성적 판단을 마비시키고 '그냥 갖고 싶다'는 감정과 본능이 앞서게 만드는 것이다. 유명한 명품 브랜드 제품과 멋진 디자인이 돋보이는 인테리어 제품, 키덜트를 겨냥한 피규어 등을 떠올려보면 이해가 될 것이다.

21세기 고객의 소비 유형을 한마디로 정리하면 이러하다. '고객은 필요한 것을 사는 게 아니라 갖고 싶은 것을 필요하다고

생각하는 존재다.'

고객 니즈에 충실해도 제품과 서비스가 팔리지 않는 이유

1. 고객은 니즈 충족이라 믿지만, 실제로는 판타지에 반응하여 지갑을 연다.
2. 고객은 능동적이라 가정되지만, 실제로는 능동적이라 착각하는 수동적 대상이다.
3. 고객을 설득하려면 제품과 서비스가 필요하다는 당위보다는, 욕구를 만들어 소유를 갈망하게 만드는 편이 효과적이다.

고객의 상식과 당신의 상식은 다르다

나는 대기업과 중견기업 그리고 스타트업을 대상으로 사업 전략부터 비즈니스 마케팅 및 브랜딩 어드바이징과 멘토링 활동을 수행하고 있다. 일을 하다 보면 기업이 자신들을 '시장과 고객 지향적'이라고 말하지만 실제로는 리서치와 분석과 계획이 미진한 경우를 생각보다 자주 보게 된다. 놀라운 점은 고객을 대상으로 수많은 리서치를 하고 심층 분석하는 작업을 하더라도 정작 결과물이 고객이 원하는 것과 거리가 먼 경우가 자주 발생한다는 것이다. 왜 이런 일이 벌어질까?

수많은 이유가 있겠지만, 그 이유를 하나하나 정리하는 것보다 실제 사례로 함께 이야기를 나누는 편이 훨씬 와닿을 수 있을 것 같다. 이번에 소개하는 몇몇 대표적인 사례를 통해 그 원인과 생각해야 할 포인트를 짚어보자.

당신 경험의 폭이
고객 이해의 발목을 잡는다

캔들 제작과 판매를 사업아이템으로 삼은 어느 스타트업을 멘토링한 적이 있다. 젊은 멤버들로 구성된 청년 스타트업이었는데, 이미 시장에 몇몇 제품을 출시해서 괜찮은 반응을 얻었고 매출도 발생하고 있었다. 하지만 무언가 벽에 부딪혀 있다는 생각을 했고, 그래서 내게 사업계획서의 피드백과 마케팅 전략에 관한 의견을 구해왔다. 살펴보니 사업계획서의 경우 각각의 장은 무난했으나 각 장을 연결하는 흐름에 문제가 있어 보였다. 그러나 가장 큰 문제는 고객 구매 요인과 마케팅 전략 및 실행안이었다.

우선 창업 멤버들이 생각하는 타깃 고객에 관해 물었다. "고객들은 왜 이 제품을 살까요? 그리고 언제 이 제품을 쓸까요?"

그들은 이렇게 답했다. "우리 제품은 좋은 성분으로 만들었어요. 그러니 우리 고객들은 자기 건강을 챙기면서 분위기를 즐기고자 하는 사람들입니다. 불멍과 향을 즐기면서 기분전환을 하려고 우리 제품을 쓸 겁니다. 주로 집에서 혼자 즐기거나, 애인을 초대해서 분위기를 잡거나, 여러 사람들과 파티를 벌일 때 쓸 것 같습니다."

자신들이 가진 경험의 폭이 한계를 만들고 있었다. 캔들은 물론 창업자들이 이야기한 상황에서 사용할 수도 있지만 요리 후 또는 화장실에서 냄새를 없애기 위해, 추운 날에 매장에서 시각적인 따뜻함과 분위기를 원할 때, 명상과 요가를 하면서, 아이들이 좋아해서 등 사용 주체와 목적과 상황의 폭이 생각보다 훨씬 더 넓을 수 있다. 나는 고객에 관해 한 단계 혹은 두 단계 더 깊이 고민해보는 편이 좋겠다고 멘토링했다.

또한 제품의 차별적인 요소로 건강까지 생각한 좋은 성분을 내세우고 있는데, '캔들'이라는 제품에 관한 고객의 본질적인 기대와 구매 결정요인으로는 향과 디자인이 우선 고려되고, 나머지는 그 이후에야 생각하게 된다고 의견을 주었다.

경험에서 우러난 제품과 서비스 개발이 중요한 것이야 두말할 나위가 없다. 하지만 자기 자신이 제품과 서비스의 타깃 고객군에 속하지 않는 이상 모든 것을 다 직접 경험할 수 없고, 고객에 대해서도 속속들이 알 수는 없다. 결국 간접경험과 관찰 등을 통해 고객을 깊이 파악해가야 하는데, 이런 노력을 제대로 수행하는 경우가 생각보다 드물다. 수억에서 수백억을 투자받은 스타트업조차도 자신들이 고객을 잘 알고 있다고 착각하는 경우가 있다. 명심하자. 고객과 시장에 대해 몇 단계나 더 깊이 파고드는지가 사업과 마케팅 전략 성공의 첫 번째 시작점이다.

당신이 이해할 수 없으면
고객이 잘못된 것인가?

어느 스타트업 대표가 어드바이징을 요청하여 함께 이야기를 나눈 적이 있다. 프로그램이 알아서 투자 포트폴리오를 관리해주는 기술, 일명 로보어드바이저를 개발하고 출시한 스타트업이었다. 시장 초기 반응이 매우 좋았고 새로 떠오르는 핫한 스타트업으로 여기저기 소개되기도 했다. 그런데 얼마 지나지 않아 매출 성장이 급격히 둔화되고 있어 고민이라고 했다. 거기에 조직 문제, 사업 전략과 방향성 문제 등 스타트업에서 흔히 볼 수 있는 총체적인 문제가 줄줄이 이어졌다.

특히 고객 확대와 매출 성장에 관한 이야기를 하면서 대표의 목소리가 높아졌다. "저는 도저히 고객들이 이해가 안 돼요." 투자로 돈을 벌 수 있는 명확한 해결책을 전달하고 실제로 그렇게 해주고 있는데도 시장과 고객의 반응이 시큰둥하다, 돈을 넣고 5년에서 10년을 묵혀두면 90% 이상의 가능성으로 주가성장률보다 훨씬 더 높은 수익을 올릴 수 있다, 자신이 만들어놓은 사업모델과 서비스는 완벽하다, 그런데 어째서 고객들이 내 서비스를 선택하지 않는 것인지 모르겠다, 이건 논리적으로 말이 안 된다, 대체 무엇이 문제인지 모르겠다, 라고 했다.

결론부터 전달했다. "고객이 반드시 이성적이거나 논리적이지는 않습니다."

이성과 논리로만 생각한다면 투자를 하는 사람들은 모두 이 프로그램을 써야겠지만, 실제로 투자에는 '심리'가 매우 큰 영향을 미친다, 때문에 이 프로그램에 큰돈을 장기간 묶어둔다는 것은 고객 입장에서 쉬운 결정이 아니다, 은행조차 망할 수 있다는 것을 본 고객들의 마음속에는 한곳에 돈을 꾸준히 믿고 맡기는 게 맞는지에 대한 의심, 내 소중한 돈이 사라질지도 모른다는 두려움, 그럼에도 가능한 한 빨리 쉽게 많은 돈을 벌고 싶다는 욕망 등이 복합적으로 작용해서 비이성적인 선택을 할 수도 있다, 라고 말해주었다.

더해서 투자를 하는 사람들 중 대부분이 그렇게 돈을 꾸준히 넣을 만큼 여유롭지 못할 수도 있다는 것을 염두에 두는 것이 좋겠다고 했다. 아껴서 돈을 모은다는 선택도 현실적으로나 의지 면에서 쉽지 않을 수 있으며, 또 살다 보면 여러 가지 변수가 발생해 힘들게 투자한 돈을 빼야만 하거나 갑자기 목돈이 나갈 일이 예측불가능하게 튀어나올 수 있다, 라는 얘기도 덧붙였다.

마지막으로 대표에게 센 의견 하나를 돌직구로 던졌다. "대표님처럼 엘리트 코스를 밟으면서, 크게 돈 걱정 하지 않으며 살아왔고, 거기에 인생에 던져진 변수를 주변에서 해결해줄 수 있을 만한 배경을 가진 분들은 돈을 활용할 때 이성과 논리로써 접근할 수 있습니다. 하지만 돈이 곧 생존과 직결되는 사람들은 그러기가 쉽지 않아요."

자기주도적 성향을 가진 엘리트가 사업을 할 때 최대 단점은 고객 역시 자기처럼 이성적으로 생각하고 주도적으로 행동할 것이라고 간주하는 것이다. 그러나 실제로는 대부분의 사람들이 감성적으로 생각하고 수동적으로 살아간다. 새해마다 자기계발서가 베스트셀러 목록에 오르고 자기계발 콘텐츠가 흥행하는 이유가 무엇이겠는가? 뿐만 아니라 고객의 말과 실제 행동이 일치하기도 쉽지 않다. 그것이 고객이다.

유사하게 묶이는 고객들이 과연
생각과 행동도 비슷할까?

요즘 2030세대에게는 무조건 SNS 마케팅이 먹힌다고 말하는 사람들이 많다. SNS에서 광고하고 인플루언서가 추천하는 제품은 의심 없이 산다는 것이다. 과연 그럴까?

반은 맞고 반은 틀리다. 2030이 윗세대보다 SNS 마케팅에 훨씬 더 호의적이라는 사실은 맞는다. 하지만 2030이기 때문에 SNS 마케팅에 노출되면 제품을 산다는 말은 틀린다.

SNS 마케팅이 먹히는 경우는 크게 셋 중 하나다. 하나는 비싸지 않고 중요성도 떨어지는 저관여제품이라 한번 속는 셈치고 사봐도 후회가 없는 경우, 다른 하나는 같은 목적의 제품이라도 저가부터 고가까지 다양하게 제품을 경험해보지 못한 경우, 나머지 하나는 각 채널별로 제품 광고를 위한 심의 기준을 잘 모르는 경우다. 즉 (제품 고유의 속성 자체가 SNS 마케팅에 적합할 경우를 제외한다면) SNS 마케팅에 고객이 지갑을 잘 여는지는 '나이'보다는 '취향과 생활수준 및 지적 수준과 성향'에 훨씬 더 큰 영향을 받는다.

학창 시절에는 SNS 광고나 인플루언서의 추천에 따라 제품을 샀던 사람들이 사회생활을 시작하고 여유롭게 살 만큼 돈을 벌기 시작하면 큰 기업이 운영하는 온·오프라인 판매, 홈쇼핑 등 고전적인 채널에서 제품을 산다. 이유는 이제는 충분히 검증된 채널에서 신뢰할 수 있는 제품을 사고 싶다는 것이다.

고객에 대해 잘 안다고
함부로 이야기하지 마라

고객은 고객 스스로도 자신이 진짜 원하는 것을 모르는 경우가 많다. 하지만 그것은 고객의 잘못이 아니다. 고객을 제대로 깊이 이해하지 못하는 당신을 탓해야 한다. 고객을 잘 안다는 것은 당신이 내놓는 제품과 서비스에 대한 반응으로만 증명된다. 고객을 더 깊이 파면 팔수록 더 많은 사업과 마케팅 기회를 얻게 된다는 것만 기억하자.

고객에 대한 객관적인 시선

1. 고객을 내 개인적인 경험과 지식의 바탕에서만 이해하면 왜곡된 정보를 얻게 된다.
2. '내가 고객이라면'이라는 생각은 고객을 이해하는 출발점이지만, 거기서 그치면 고객이 아니라 나를 위한 제품과 서비스를 만들게 된다.
3. 사업과 마케팅을 위해서는 고객을 군집화하는 작업이 반드시 필요하지만, 군집화된 고객 속성이 모든 개별 고객을 정확하게 설명하지는 않는다.

고객은 생각과 행동이 다르다

고객이 갖는 생각과 행동의 불일치는
고객 경험 과정에서 발생한다

얼마 전 한 커피숍 매장에 들어갔다가 적잖게 당황했다. 그 커피숍은 에코 매장으로 시범 운영되고 있었다. 환경을 보호하기 위해 어느 정도 불편은 감수해야 한다고 생각해왔기에 특별히 거부감은 없었다. 하지만 정작 이용해보니 순간순간 '현타'가 여러 번 왔다. 그 과정과 널뛰는 감정을 순서대로 정리하면 이렇다.

1. 업무 미팅이 있어 시내에 나갔다가, 미팅 전에 습관처럼 커피숍에 커피를 사러 들렀다.

2. 늘 그랬듯 아이스 아메리카노를 주문했다. 그런데 가격이 평소와 달랐다. 에코 매장이라 일회용 컵을 제공하지 않고 반납하는 다회용기 컵에 담아 주는데, 반납 시 환불해주는 컵 보증금 1,000원을 추가로 계산해야 한다고 했다. 1,000원이 더해지니 커피값이 확 비싸게 느껴졌다.

3. 기다렸다가 커피를 받았는데, 잉? 컵이 이상하다. 계산할 때만 해도 신경 쓰지 못했는데 컵을 받고 보니 낯설고 어색하다.

4. 그래, 좀 어색하면 어때. 친환경이라는데. 그간 일회용품을 쓰면서도 불편한 마음이 항상 마음 한구석에 있던 터라 환경을 위해서라면 동참할 의지가 불끈 솟는다.

5. 미팅을 하면서 커피를 홀짝거리는데 뒤늦게 현타가 왔다! 평소 마시던 그 커피 맛이 아니다. 커피야 그대로고 단지 컵만 바뀌었을 뿐인데, 역시 커피는 '갬성'이다. 커피 맛은 분위기이자 공감각적인 체험이라는 사실을 새삼 깨달았다. 커피숍 로고나 문양, 글씨 대신 친환경 로고와 카피만 있자 원래 마시던 커피를 마신다는 기분이 전혀 들지 않았다.

6. 불현듯 다회용기 컵 보증금 가격을 기가 막히게 책정했다는 생각이 들었다. 그저 몇백 원이었으면 반납이 귀찮아서 고민했을 텐데, 무려 1,000원이니 몸을 움직일 동기부여가 된다. 지폐 한 장이라 교환도 빠르게 가능하다. 컵이 너무 평범해서 반납을 포기하고 가질 만큼 탐이 나지도 않는다.

7. 마침내 커피숍 카운터로 컵을 반납하러 갔는데, 다회용기

컵 반납과 보증금 회수는 기계로 해야 한다며 매장 한쪽의 반납기계를 가리킨다. 반납을 하려다 또 현타가 왔다! 직접 컵을 세척하고 주문용 스티커도 떼야 한다. 여러 번 이용한 사람들 말로는 컵이 지저분하면 기계가 인식을 못 하는 경우도 있다고 한다. 이럴 거면 매장 내에 컵을 닦을 수 있는 공간을 마련해두든가 해야지 싶었다.

8. 그래, 그래도 친환경이라는데. 취지와 명분이 좋으니 넘어갔다. 그런데 컵을 넣으려 하자 또 현타가 왔다! 이 커다란 반납기계에 컵을 딱 하나씩만 넣을 수 있다. 여러 개를 한꺼번에 반납해야 하는 경우 하나하나 넣어서 보증금을 받아야 한단다. 점심시간 등 피크타임이면 반납하는 줄이 길게 늘어서는 아수라장이 펼쳐질 듯했다. 실제로 그 시간을 겪었던 사람들은 이제 에코 매장을 피한다고 했다.

9. 컵을 반납하자 또 현타가 왔다! 컵은 반납하지만 위를 덮고 있던 플라스틱 뚜껑은 반납 대상이 아니다. 그건 전처럼 그대로 쓰레기가 된다. 물론 반납용 뚜껑도 아직 개발 중이라고는 하지만, 지금으로서는 취지가 무색하게 느껴진다.

그 커피숍 브랜드는 여태 애용하던 곳이었지만, 이 불쾌한 고객 경험은 내가 그렇게 애정을 갖고 이용해온 것이 과연 맞는 행동이었나 의심하게 만들었다. 당분간 에코 매장을 피하거나, 여의치 않다면 다른 커피숍을 이용해야겠다는 생각이 들었다.

친환경이라는 취지는 좋다. 고객 대부분이 자신도 그 취지에 공감하고 따라야 한다고 판단한다. 하지만 실제 현실에서 고객은 어떻게 행동할까? 내 시간과 돈을 더 지불하면서까지 불편을 감수하는 상황은 어떻게든 피하고 싶어 한다. 아무리 명분과 의미가 좋다고 하더라도 고객 경험에서 문제가 있으면 거부당하는 것이 현실이다.

고객 경험 과정을 치밀하게 설계해야
고객의 생각과 행동을 일치시킬 수 있다

앞서 정리한 문제들은 고객 경험 입장에서 매우 중요한 것들이다. 기업이 내세우는 명분과 의미에 고객이 공감하고, 기꺼이 참여하고, 불편을 감수하고, 더 많은 비용도 지불하게 하려면 문제 하나하나에 대한 명확한 해결책이 고객 경험 과정에 반영되어야만 한다. 하지만 많은 경우 그러지 못한 채 명분과 의미를 고객에게 강요하는 우를 범한다. 특히 소셜 임팩트(Social Impact)를 중요시하는 기업이나 마케팅 캠페인에서 흔히 보는 장면이다.

물론 고객 경험 과정을 성공적으로 설계하는 경우도 있다. 유기농 및 공정 무역 운동의 선구자 닥터브로너스, 환경을 보호하려고 옷을 판다는 파타고니아 모두 선한 영향력에 대한 명분과 의미를 전면에 내세워 성공적으로 사업을 운영하고 있다.

이들은 제품 생산부터 소비까지 모든 과정에 자신들이 추구하는 명분과 의미를 반영해서 고객의 공감과 지지를 얻었다. 고객이 제품과 서비스를 떠올리기까지, 구매해서 사용하기까지, 또 재구매하기까지 고객에게 필요 이상의 희생을 강요하지 않는다. 나아가 고객이 만족할 만한 압도적인 제품과 서비스 품질을 제공해서 즐거운 경험을 선사한다. 당연히 고객은 흔쾌히 지갑을 열면서 자신이 의미 있게 생각하는 가치를 실제 행동으로 옮겼다는 자부심도 느끼게 된다.

커피 브랜드 중에서도 좋은 사례가 있다. 캡슐커피의 대명사 네스프레소다. 이들도 캡슐이 가져올 환경문제에 관심이 많은 기업이다. 그래서 캡슐 재활용 백을 제공하고 무료 수거 서비스를 실시하고 있다. 고객 입장에서는 더 많은 비용을 지불할 필요도 없고, 단지 커피를 마신 후 캡슐을 모아서 편리한 방법을 선택해 반납하면 된다. 물론 캡슐을 모으는 것도 반납하는 과정도 일부 불편함이 있지만, 고객이 충분히 감수할 만한 수준이며, 그 작은 불편함이 오히려 친환경 활동에 동참하는 고객 경험으로 치환된다.

영리사업을 하고 싶다면
성선설보다는 성악설을 믿어야 한다

한때 스타트업 바닥을 휩쓸며 이슈가 됐던 사업아이템들을 떠올려보자. 킥보드 사업, 각종 공유 서비스 사업, 개인과 개인을 금융주체로 내세워 의미 있는 대출을 지향하는 P2P 금융 사업들이 지금 어떤 상태에 처해 있는가? 대부분 초라하기 짝이 없다.

그런데 한 가지 흥미로운 케이스가 있다. 공유 차량 서비스다. 같은 공유 서비스 형태여도 불특정 다수를 대상으로 삼을 때와 사용자가 누군지 짐작할 수 있는 경우에 고객 행동이 차이가 있었다. 공유 차량을 도심 및 부도심과 관광지에서 운영했을 때는 차량을 함부로 사용하는 일이 자주 있었지만, 아파트 단지 등 주거지 중심으로 운영했을 때는 곱게 사용하는 일이 많았다. 사용 후 반납 시간을 엄수하는 한편 이용 후 차내에 방향제를 뿌리거나 다음 이용자를 위한 메모를 남기는 일까지 있었다.

이는 같은 주거권 안에서 누가 차량을 이용하는지 간접적으로 알게 될 수도 있는 상황이 그러한 행동을 하게 만들었다고 짐작할 수 있다. 마치 온라인 게시판이나 커뮤니티에서 실명으로 활동할 때 더욱 조심스러워지는 현상과 비슷하다.

조금 강하게 이야기하겠다. 영리사업을 하고자 한다면 고객을 성선설보다는 성악설에 서서 보아야 사업모델을 정확하게 설계할 수 있다. 고객이 무조건 사악하고 나쁘게 행동한다는 의미가 아니다. 고객의 선한 생각과 실제 행동은 괴리가 있을 수 있다는 사실을 인정해야 한다는 말이다.

고객의 생각과 행동 사이의 괴리

1. 고객의 생각과 행동이 늘 일치하지는 않는다.
2. 고객은 물론 생각과 실제 행동을 일치시키고 싶어 하지만, 이익이나 감정 또는 욕구 등의 원인으로 얼마든지 생각과 다른 행동을 하곤 한다.
3. 고객의 생각과 행동의 괴리는 고객 경험상에서 걸림돌을 충분히 해소해주어야만 극복할 수 있다.

2. 고객은 게으르다

고객의 머릿속을 들여다보면서 고객이 왜 내 기대와 예상대로 생각하고 판단하지 않는지 살펴보았다. 지금부터는 고객의 생각만큼이나 이해하기 어려운 고객의 행동을 알아보자. 그리고 고객의 행동을 우리의 기대와 일치하게 만드는 지점을 찾아보도록 하자.

고객은 행동과 습관을 잘 바꾸지 않는다

고객은 이성적이지도 능동적이지도 않고, 대부분의 상황에서는 오히려 수동적이고 감정적으로 행동한다고 말했다. 여기에 더해 고객은 부지런하지도 않다. 이번에는 고객의 게으름에 대해 이야기해보겠다.

고객은 처음부터 관심을 갖고 있었거나, 값이 비싸 충분한 고려가 필요한 고관여제품을 구매해야 할 때를 제외하고는 시간과 에너지를 많이 쏟고 싶어 하지 않는다. 이를 '게으름'이라고 표현했지만, 사실 이렇게 생각하고 행동하는 것이 인간으로서는 가장 합리적인 선택이다. 모든 선택마다 집중해서 힘을 쏟는다면 세상 피곤하고 힘들어서 살 수가 없다. 진화론적 관점에서도 인간은 필요할 때 에너지를 쓰고 필요가 없을 때는 최대한 에너지를 축적하도록 설계됐다. 게으름이나 무관심도 의미 있는 행동이라는 뜻이다.

고객의 게으름은 사업 기회가 된다

돈이 충분히 많다면 사람이나 기계 등을 사서 내가 귀찮아하는 일이나 일정하게 수행해야 하는 일을 대신하게 할 수 있을 것이다. 하지만 대부분의 고객은 그 정도로 돈이 많지도 않고, 돈이 많으면 많은 대로 스스로 수행해야 할 일과 선택이 많아진다. 그럼에도 고객의 머릿속에는 '나 대신 누군가가 해줬으면 좋겠다'라는 생각이 떠나질 않는다. 많은 사업적인 기회가 바로 여기서 시작된다.

주위를 조금만 둘러봐도 사례를 쉽게 찾을 수 있다. 손빨래하기가 귀찮아서 세탁기가 나왔고, 세탁물을 말리는 것도 귀찮아서 건조기가 나왔다. 빗자루로 청소하기가 귀찮아서 진공청소기가 나왔고, 청소기를 돌리는 것도 귀찮아서 로봇청소기가 나왔다. 장을 보고 음식 만들기가 귀찮아서 배달 서비스가 나왔고, 전화로 배달 음식을 주문하고 배달원에게 결제하는 것도 귀찮아서 배달앱이 나왔다. 즉 고객의 게으름은 곧 고객 니즈가 되고, 고객이 지갑을 여는 출발점이 된다.

고객의 게으름이
가장 큰 장애물이기도 하다

하지만 고객의 게으름이 늘 사업의 기회가 되느냐 하면 그런 것은 아니다. 고객의 게으름은 '관성'이라는 이름으로 사업과 마케팅에서 가장 극복하기 어려운 문제를 만들기도 한다. 객관적으로 어떤 제품과 서비스가 고객의 삶을 훨씬 더 편리하고 쉽게 만들어줄 것이 분명하게 보이는데도 고객에게 선택받지 못하는 일이 생각보다 많다. 이는 고객이 한번 익숙해진 행동과 습관을 잘 바꾸지 않기 때문이다.

보통 제품과 서비스를 처음 쓰게 되면 낯설고 어색한 감정이 들고 익숙해질 때까지 시간과 노력이 소요되기 마련이다. 그런데 낯설고 어색함 그 자체가 고객의 두려움 혹은 귀찮음이기도 하다. 이성적으로는 그 편익을 이해하면서도 감정적으로 거리낌을 느껴 행동으로 연결되지 않는 것이다.

새로운 것이 불편한 것이다

최근에 공항에 가본 적이 있는가? 방역 지침이 완화되면서 국제선 항공편에 빈자리가 거의 없을 정도로 공항에 사람이 붐빈다. 비행기를 타려면 심사를 받아야 하는데, 줄이 길다 보니 심사를 받는 시간도 하세월이다. 그런데 늘 줄이 짧은 곳이 있다. 자동 출입국 심사장이다.

자동 출입국 심사장에서는 미리 등록만 해두면 사람이 해주는 심사 과정을 거치지 않고 자동으로 처리할 수 있다. 여권을 펼쳐 인식기 위에 대면 끝이다. 해외로 나가느냐, 국내선을 이용하느냐에 따라 사전등록 방법이 다르기는 하지만 신분증만 있다면 대개 몇 분 걸리지 않는다. 그러니 이성적으로 생각한다면 자동 심사를 이용하는 것이 합리적인 판단이다.

하지만 의외로 많은 사람들이 자동 심사를 알면서도 기존 심사장을 이용한다. 여태 아무런 문제가 없었다거나, 사람이 하는 것이 확실하다는 등 여러 가지 이유로 기피한다. 이는 새로운 무언가를 시도하는 것이 스트레스로 인식되고, 그 스트레스를 겪기보다 익숙함이 주는 안락함을 더 선호하기 때문이다.

집에 조금 더 빨리 들어갈 수 있는 지름길이 생겨도 한동안은 더 먼 기존 길을 이용하는 심리와 같다. 익숙함은 심리적 거리감을 많이 해소해주는데, 다니던 길 역시 물리적 거리에 관계없이 익숙하기 때문에 더 가깝고 빠르고 편리한 것으로 느껴진다.

단순히 고객의 편의성을 증대하거나 고객의 삶을 편리하게 해준다는 이유만으로는 제품과 서비스가 잘 팔리지 않는 이유가 이것이다. 리서치했을 때 고객의 열광적인 반응이 제품과 서비스를 출시하고 나면 사뭇 다른 이유이기도 하다. 고객의 생각과 행동은 기존에 해왔던 라이프스타일과 행동패턴에서 쉽게 벗어나지 못하고 관성에 얽매인다.

고객은 언제 관성을 깨는가?

요즘 사람들은 일상생활에서 QR 코드를 거부감 없이 편리하게 사용한다. 그런데 잠시만 코로나 전을 떠올려보자. 그때도 우리가 QR 코드를 지금처럼 사용했을까? 당시 여기저기서 결제를 편리하게 만들어주겠다고 내놓은 QR 코드들은 외면당했다. 중국에는 QR 코드가 널리 퍼져 노점상도 QR 코드로 돈을 받고 거지들도 QR 코드로 구걸한다는 기사까지 내보냈지만 소용이 없었다. 우리나라 고객들은 QR 코드 대신 익숙한 신용카드를 훨씬 많이 사용했다.

그러던 중 코로나가 터졌고 팬데믹 상황이 벌어졌다. 예전의 사스나 메르스처럼 금방 지나갈 줄 알았던 코로나는 3년가량 지속되면서 사람들의 일상과 문화에 막대한 영향을 끼쳤다. QR 코드는 코로나 백신 접종 여부를 증명하는 수단으로 강제되면서 사람들의 일상에 들어오기 시작했다. 처음에는 어색하고 불편했던 것이 어느 순간부터는 당연하게 되었고, 접종 증명뿐만 아니라 다른 영역에서도 사용하게 됐다. 방역 지침이 완화되면서 점차 코로나 이전의 일상이 돌아오고 있지만, QR 코드는 이미 새로운 일상으로 자리를 잡았다.

이와 달리 고객을 자연스럽게 유도하는 경우도 있다. 요즘 기초 화장품을 보면 스킨과 토너를 시작으로 세럼과 앰플, 로션이나 크림까지 4단계~6단계로 발라야 한다고 한다. 아이크림이나 속눈썹 영양제 등 부위별로 들어가면 몇 단계가 더 추가된다. 그런데 기초 화장품이 처음부터 이렇게 단계가 많았을까? 그렇지는 않았다고 본다. 기초 화장품이 피부의 건강과 재생을 돕고, 이후 단계 화장과의 시너지를 위해 필요하다는 메시지가 지속적으로 노출되면서 어느덧 사람들에게 당연한 과정으로 받아들여진 것이다.

참고로 최근의 기초 화장품 광고를 보면 한 단계가 더 추가되고 있다. 소위 '퍼스트 에센스'라거나 '마지막 클렌징' 또는 '화장 전 준비과정'이라고 표현되는 그것이다. 이런 화장품들은 0단계에 사용하는 제품으로서 원래 고객들의 화장 패턴에 가장 앞 단계 하나만 없으면 된다고 말한다. 이미 익숙해져서 습관화된 관성을 바꾸라고 하는 것이 아니라 한 가지만 추가하면 된다고 어필한다.

상황이 너무 복잡해지면
사람은 단순해진다

흔히 B2B 마케팅은 B2C 마케팅과 비교해서 고객이 훨씬 더 이성적이고 합리적인 결정을 한다고들 한다. 틀린 말은 아니지만 반드시 그런 것만도 아니다. 이 말의 근거는 B2B가 B2C보다 더 많은 사람들이 의사결정에 참여하기 때문이라는 논리다. 물론 B2B의 경우에 많은 사람들이 참여하기는 하지만, 역시나 '사람'이 하는 결정이다. 정확히는 사람'들'이 하는 결정이다. 일반 고객들의 생각과 행동에서 자유롭지 못하다는 의미다.

자신을 수억 원 이상의 제품이나 서비스를 구매해야 하는 기업 담당자나 의사결정권자라고 생각해보자. 동일한 기능이나 가치를 주는 수많은 제품을 두고 최소 수십에서 수백 가지 이상의 요소를 하나하나 비교하게 될 것이다. 이처럼 고려 요소가 너무 많으면 의식적으로 의사결정구조를 최대한 단순화시킨다. 그러지 않으면 결정을 내릴 수 없기 때문이다. 구매 담당자가 10~20% 가격이 더 비싸더라도 의사결정에 참여하는 사람 모두가 알고 신뢰할 만한 제품을 제안하는 이유다.

관성을 깰 만큼 혜택이 있는가?

귀찮은데도 어쩔 수 없이 움직여야 하는 경우는 무엇일까? 졸려 죽겠는데 학교나 회사에 가야 하는 상황을 떠올려 보자. 앞서 이야기한 QR 코드는 일어나기 싫지만 엄마의 '등짝 스매싱'에 억지로 일어나는 경우이고, 기초 화장품은 다들 미라클 모닝이니 어쩌니 하니까 덩달아 일어나는 경우가 된다. B2B 마케팅은 5분을 더 자면 어디서 5분을 절약해야 지각하지 않을 수 있을까 고민하다가 그게 더 귀찮아서 그냥 일어나는 경우다.

한번 이런 경우를 생각해보자. 지금 일어나면 대중교통에서 한 시간 이상을 편안히 앉아서 갈 수 있다면 어떨까? 아마 자명종까지 맞춰가며 일어나려고 할 것이다. 즉 고객이 관성을 깨고 행동과 습관을 바꾸기 위해서는 임계치를 넘어서는 혜택이 필요하다. 다르게 표현하면, 그것을 했을 때 얻는 이득이 일정 수준 이상으로 커야만 비로소 고객이 움직이기 시작한다.

결론은 이렇다. 고객이 당신의 제품과 서비스를 사게 만들려면 고객이 갖고 있는 관성과 싸워야만 한다.

고객의 관성과 사업의 상관관계

1. 고객은 본능적으로 게으르고 귀차니즘에 빠져 있어서 행동과 습관을 잘 바꾸지 않는다.
2. 고객의 게으름과 귀차니즘 그 자체가 사업과 마케팅 전략의 기회가 될 수 있다.
3. 고객의 관성이 깨지는 계기는 외부적인 강제, 자연스러운 유도, 강력한 혜택 등이 있다.

고객의 행동반경은 좁다

고객은 누구나 시간과 장소의 제약을 가지고 있다. 하는 일, 사는 곳, 개인적인 관심사, 성향 등에 따라 자신만의 라이프 스타일이 형성되고, 거기에 맞춰 일상적인 루틴이 만들어지며 그 안에서 움직인다. 때로 여행이나 자기계발처럼 일상을 벗어나기 위한 여러 가지 시도를 하기도 하지만, 단기간에 루틴을 무너뜨릴 정도로 파격적이고 예외적인 행동을 하는 일은 거의 없다.

한마디로 고객은 생각보다 행동양식이 일정하고, 행동반경은 매우 좁다. 정해진 시간에 정해진 장소에서 정해진 행동을 한다는 것은 고객의 행동을 대부분 미리 예측할 수 있다는 의미다. 여기서는 구체적인 사례 하나를 자세히 살펴보면서 고객의 행동반경에 따라 마케팅을 어떻게 하면 좋을지 살펴보자.

왜 콘텐츠 마케팅인가

언제부터인가 마케팅 커뮤니케이션 활동에서 콘텐츠 마케팅이 커다란 축으로 자리 잡았다. 불과 몇 년 전까지만 해도 온라인 광고를 한다고 하면, 어떤 메시지로 광고를 만들고 어디에 걸 것이며 키워드 광고를 어떻게 할 것인지 생각하는 것이 대부분이었다. 하지만 온라인 광고비가 치솟자 광고 효율이 떨어지기 시작했다. 거기다 광고 노출과 실제 구매 사이의 간극이 크다는 결과까지 나타나자 온라인 마케팅에 대한 고민이 다시 시작되었다.

콘텐츠 마케팅은 이러한 맥락에서 새롭게 부각됐다. 콘텐츠 마케팅은 즉각적이고 단발적인 온라인 광고와 달리 제품과 서비스를 찬찬히 설명한다. 이는 고객을 이해시키거나 설득하기에 유리하고, 인지도와 신뢰도를 쌓아감으로써 광고 인지와 실제 구매 사이의 간극을 줄이기에 적합하다. 즉 고객과의 관계를 차분하고 단단하게 구축해가기 좋은 방식이다. 물론 중장기적인 활동이 바탕이 되어야 성과가 나온다는 단점이 있다. 하지만 콘텐츠 마케팅은 이제 모든 온라인 마케팅의 기본이 되었다.

콘텐츠만큼이나
채널 선정이 중요하다

콘텐츠 마케팅은 스토리가 담긴 콘텐츠를 노출해서 인지도와 호감도 및 신뢰도를 동시에 올리는 활동이다. 광고의 목적이 고객의 머릿속에 무언가를 순간적으로 강력하게 인식시키는 것이라고 한다면, 콘텐츠 마케팅은 고객의 관심과 호기심을 불러일으키고 이후 고객이 콘텐츠를 통해 제품과 서비스를 소비하도록 유도하는 것이 목적이라고 할 수 있다.

그런데 콘텐츠 마케팅에 관한 대표적인 오해가 있다. 콘텐츠만 좋으면 알아서 성과가 날 것이라는 생각이 그것이다. 물론 콘텐츠는 좋아야 하는 것이 당연하지만, 콘텐츠가 좋다고 알아서 퍼지지는 않는다.

콘텐츠 마케팅은 어떤 면에서는 일반적인 온라인 광고보다 훨씬 까다롭다. 온라인 광고 집행은 타깃 고객을 설정하고 의도적으로 접근하는 것이 가능하다. 하지만 콘텐츠 마케팅은 (온라인 광고를 병행하는 경우를 제외하면) 원하는 타깃에 정확하게 딱딱 꽂기가 어렵다. 그런 이유로 무조건 사람이 많이 모여 있는 사이트나 커뮤니티 등에 노출하거나, 자사 SNS와 유튜브 등의 채널에만 올리는 소극적인 방식을 쓴다.

하지만 콘텐츠 마케팅에서 성과는 '어떤 채널에 어떤 메시지로 언제 올리느냐'에 크게 좌우된다. 때문에 우선 노출할 채널을 선정하는 것이 매우 중요하다.

그렇다면 콘텐츠 마케팅을 위한 채널 선정은 어떻게 해야 할까? 최근 주요 SNS 채널의 변화와 함께 실제로 콘텐츠 마케팅을 집행하는 사례를 현재 우리 회사에서 운영하는 채널을 예로 삼아 이야기해보겠다.

우리 회사는 교육과 컨설팅업이 주업이다. B2B 영역은 기업과 기관을 상대로 하고, B2C는 2040 사무직 직장인을 대상으로 하고 있다. 2016년에 사업을 시작해서 지금까지 광고비 한 푼 안 쓰고 지금 모습까지 왔다. 중소기업에 불과하지만, 그렇기 때문에 대규모 광고 예산을 사용해서 이루어낸 사례보다 오히려 더 실질적인 도움이 될 것이라고 생각한다.

나는 한때 대기업에서 한 해에 수백억 원의 광고 예산을 쓰기도 했다. 그런데 내 사업을 하게 되니 돈이 아까워서 좀처럼 마케팅 비용을 쓸 수가 없었다. 그래서 가장 효과적이고 효율적인 방법을 고민하게 됐다.

교육과 컨설팅업의 특성상 인지도와 신뢰도가 절대적으로 중요하기 때문에 아무래도 즉각적인 효과를 주는 온라인 광고는 어울리지 않는다고 판단했다. 이미 충분한 인지도와 신뢰도가 확보된 상황이라면 몰라도, 그렇지 않다면 광고를 보더라도 고객은 쉽게 지갑을 열지 않을 것이었다.

우리가 가진 역량과 전문성을 잠재 고객에게 이해시키면서 존재감을 알리고, 이 과정을 반복하면서 고객이 우리에게 호감을 갖고 지켜보게끔, 그래서 결국 우리를 믿게끔 만들어야 했다. 시간이 오래 걸리더라도 인지도와 신뢰도를 차근히 쌓아나가는 작업이 필요했고, 여기에 최적의 방법인 온라인 콘텐츠 마케팅을 선택했다.

온라인 콘텐츠 마케팅을 핵심에 놓고 보니 SNS 채널 선택 하나도 매우 까다로울 수밖에 없었다. 얼마 전에도 최근에 나온 SNS나 커뮤니티 등을 모두 훑었다. 1년에 적어도 한두 번은 이런 활동을 반복하면서 최적의 채널 구성과 운영 방안을 찾아 바로 실행해왔다.

먼저 고객을 정의하고
어떤 특성을 갖고 있는지 파악하자

우리 회사가 접근하고자 하는 잠재 고객은 이렇게 정리했다.

· B2B 영역: 최상위 탑 10을 제외한 100대 대기업이나 한 영역에서 독보적인 존재감을 보이는 중견기업에서, 임원급 이상인 사람 & 전략이나 기획 업무 담당자 & 교육 업무

팀장이나 실무자

· B2C영역 : 대기업이나 중견기업에 다니는, 자기 성장 욕
구가 강한 2040 사무직 직장인

잡고 보니 B2B와 B2C의 고객군이 겹쳤는데, 겹치는 부분을
메인 고객으로 삼고 겹치지 않는 부분을 서브 고객으로 설정
했다.

타깃 고객을 설정하는 것은 비교적 쉽지만, 이를 직접 접근
가능한 고객으로 정리하는 것이 만만치 않았다. '자기 성장
욕구가 강한 고객'을 떠올려보면 이미지는 분명히 잡히는데,
이제부터 어떻게 찾아내서 어떻게 접근할 것인지가 막막했
다. 이는 실제 마케팅 업무에서도 자주 겪게 되는 일이다.

우리는 이들 고객이 어떤 특성을 갖고 있으며 어떤 라이프스
타일로 살고 있는지 등을 깊게 연구했다. 그렇게 내린 결론
일부는 이들이 '책이나 장문의 콘텐츠에 익숙하고, 자기계발
목적으로 활동하는 데 거리낌 없이 시간을 투자하며, SNS를
활용 목적에 따라 구분해서 사용하고 있다'라는 사실이었다.
또 '같은 상황과 배경을 가진 사람들이 모여 있는 온·오프라
인 커뮤니티를 적극적으로 탐색하고 좋는 경향이 있고, 커리
어패스와 직무전문성 역량 강화 등 전문적 주제에 대한 콘텐

츠를 많이 소비한다'는 사실도 발견했다. 그래서 이러한 행동 패턴에 맞춰 타깃 고객이 모이는 지점을 파악하고 그곳을 콘텐츠 마케팅 채널의 접점으로 하나둘 깔기 시작했다.

그렇다면 어떻게 콘텐츠 마케팅 채널을 구성해왔을까?

지금 우리가 운영하는 SNS는 페이스북(현 메타), 인스타그램, 네이버 블로그, 브런치, 커리어리다. 올리는 콘텐츠는 동일하지만 각 채널별로 올릴 것과 올리지 않을 것을 구분한다. 채널 특성에 맞춰 조금씩 편집할 때도 있지만 최대한 지양하며, 작은 회사 규모에 맞춰 효율성 있는 '원 소스 멀티 유즈'를 지향한다.

페이스북은 2~3년 전부터 확실히 올드해졌다. SNS 자체의 문제라기보다는 말 그대로 4050 올드 피플들의 놀이터가 되었다. 그러나 1030 젊은 층이 활동을 전처럼 적극적으로 하지 않는 것이지 아예 이탈한 것은 아니다. 카카오가 다음이던 시절에 포털로서의 역할과 함께 커뮤니티로서 사람들이 이야기를 나누는 공간이었던 것처럼 페이스북이 현재 그런 역할을 하고 있다.

페이스북에서는 회사나 서비스의 공식 페이지 활동보다는 개인적인 활동에 중점을 두고 일과 연계시킨다. 채널의 특성상 개인에 대한 관심과 관계가 중심이고, 개인의 인지도와 신뢰도를 회사에 전이시키는 것이 훨씬 효과적이기 때문이다. 그렇다 보니 나 또는 내가 관계된 일에 관심이 있는 사람들이 내게 접촉하는 수단으로 자리 잡았고, 이것이 향후 회사 일로 이어지거나 회사에 대한 평판 조회 시에 긍정적인 평가를 얻도록 하는 역할을 하고 있다.

인스타그램은 페이스북에 올리는 글과 사진 중 보다 개인적인 내용이나 강조해서 알리고 싶은 것들을 추려서 올린다. 인스타그램은 비교적 젊은 친구들이 모여 있어서 젊은 층과의 접점으로 사용하고 있다. 페이스북을 메인, 인스타그램을 서브 접촉 채널로 쓰면서 상호보완적인 역할을 하게끔 한다.

특히 인스타그램에서는 주로 호감도를 높이는 데 집중한다. 호감도가 일정 수준 이상을 넘어선 시점에서 우리와 업무적으로 접촉해야 할 때 다른 채널에서 다시 우리를 마주치게 되면 신뢰가 더욱 커진다. 이미 호감도가 높다 보니 전환이 매우 빠르고 즉각적이다.

네이버 블로그는 모든 콘텐츠를 다 올려서 아카이브로 쓰고 있다. 기록으로 남기고 기억하는 동시에 향후 콘텐츠를 활용하기에도 유용하다. 사업이나 일뿐만 아니라 글을 쓰기 위한 콘텐츠 라이브러리로서 매우 큰 도움이 된다.

또 다른 중요한 용도는 고객들의 검색이다. 우리나라에서 여전히 가장 많은 사람들이 쓰고 있고 절대적인 힘을 발휘하는 포털은 네이버다. 네이버에 노출되기에는 네이버 블로그가 절대적으로 유리하다. 페이스북은 꾸준히 내 활동을 보던 사람들이 나를 신뢰하게 되었을 때 연락하는 채널이고, 네이버 블로그는 검색을 통해 즉각적으로 고객이 찾아오는 채널이다. 신규 고객의 30~40%가 여기를 통해 찾아온다.

브런치는 3~4년 전 페이스북과 인스타그램의 콘텐츠 품질 저하가 정점에 달하고, 상업적 색깔로 네이버 블로그의 피로도가 한창 높아졌을 때 일과 사업적으로 활용할 신규 채널로 시작했다. 당시 유튜브와 틱톡과 더불어 우리 타깃 고객에게 적합한 SNS를 찾다가 채널 분석과 테스트를 통해 가장 적합하다고 판단했다. 진지하고 전문적인 장문의 글에 호의적인 사람들이 찾던 SNS였고, 우리 잠재 고객들의 관심사 내지 취향과 잘 맞았다. 예상은 적중해서 불과 1년도 지나지 않아 우리 주력 SNS 채널이 되었다. 더구나 2019년 브런치 프로젝트 대상을 수상해 브런치를 기반으로 현재까지 세 권의 책을 출간했고 지금 읽고 계시는 이 책 외에도 따로 한 권을 새로 집필 중이다. 당연히 일과 사업에 큰 도움이 되었다.

현재 네이버 블로그와 마찬가지로 신규 고객의 30~40%가 브런치를 통해 유입된다. 주로 기업이나 출판사인데, 네이버 블로그와의 차이점은 브런치를 통해 유입될 때 이미 우리에 대해 잘 알고 있고 제안 요청 내용도 매우 구체적이며 명확하다는 점이다. 실제 수주 확률까지 따지면 브런치가 훨씬 더 높다. 결과적으로 신규 고객 60~70%가 온라인 채널로 유입되고, 30% 정도가 오프라인 접점, 즉 기존 고객이나 파트너 기업 및 지인의 소개로 들어오고 있다.

커리어리는 브런치의 속성이 급격히 바뀌기 시작하면서 잠재 고객을 탐색하고자 다시 새롭게 찾아낸 SNS였다. 브런치가 전문성을 버리고 일반인 에세이 콘텐츠 중심으로 흘러가면서 목적이 다른 독자들이 이탈했는데, 이들이 그 대안 중 하나로 커리어리를 선택한 것이라 판단했다.

현재까지 운영 결과만 보면 예상이 맞은 것으로 보인다. 운영을 시작한 지 2년 4개월 정도가 되었는데, 지금까지의 SNS 중 성장 속도가 가장 빨랐다. 사용자는 20대에서 30대 초중반 대학생과 직장인으로, 운영하고 있는 채널 중 가장 젊다. 브런치 서비스의 초·중기에 이처럼 실무급 직장인들이 많아서 사업적으로 많은 도움이 됐는데, 커리어리가 한창 그 분위기로 가고 있다. 브런치의 대안으로 검토했던 다른 몇몇 채널들에 비해 콘텐츠 전파력, 젊은 분위기, 전문성이 강해 우리와 잘 맞기도 했다. 지금 추세면 조만간 커리어리도 네이버 블로그와 브런치와 더불어 우리의 핵심적인 온라인 채널로 자리 잡을 듯하다. 이미 팔로어 수는 운영하는 채널 중 가장 많다.

콘텐츠 마케팅을 단순히 콘텐츠로만 풀면 안 되는 이유를 이제는 공감하고 있을 것이다. 온라인 광고 역시 광고 메시지와 더불어 광고 노출 채널이 중요하듯, 콘텐츠 마케팅도 무슨 내용을 '어디에' 노출하느냐가 매우 중요하다. 당연한 이야기이지만, 자주 놓치는 경우가 많아 이렇게 당연한 이야기를 또 해본다.

고객의 행동반경에 따라
마케팅 활동을 고민해야 한다

고객의 행동반경을 고려해서 마케팅 접점을 설정하는 방법을 실제 사례로 살펴보았다. 콘텐츠 마케팅이다, 퍼포먼스 마케팅이다, SNS 마케팅이다, 통합 마케팅이다 하는 방법론은 중요한 것이 아니다. 마케팅 방법론은 수단에 불과하다. 정말 중요한 것은 예상되는 고객의 행동반경과 반응에 맞춰 고객 접점을 찾아내서 원하는 행동을 이끌어낼 메시지를 노출하는 것이다.

고객 행동 범위 예측과 활용

1. 고객 분석을 통해 고객의 행동반경을 예측할 수 있다.
2. 고객은 의식적으로든 무의식적으로든 일정한 시공간의 범위 안에서 일정한 행동을 한다.
3. 고객이 보여주는 일정한 행동은 연결고리가 없어 보이거나 약해 보이는 또 다른 행동을 예측하는 데 도움이 된다.
4. 전혀 관계가 없어 보이는 개인들도 활동하는 행동반경을 엮음으로써 하나의 고객군으로 설정할 수 있다.

고객의 행동은 패턴화할 수 있다

마케팅을 이야기하는 책이나 강연자를 보면 시장과 고객을 중심으로 생각하라는 말을 많이 한다. 나 역시 강연이나 컨설팅, 어드바이징이나 멘토링을 할 때 입에 달고 다닌다. 그러면 어떻게 해야 하느냐는 질문이 들어온다. 여러 가지 방법이 있겠지만, 그중에 즉각적으로 이야기할 수 있는 몇 가지 방법들이 있다.

모든 출발점은 고객 파악이다

- 고객의 니즈와 문제를 명확하게 파악하여 정의한다.
- 해결책을 도출한다.
- 이를 바탕으로 구체적인 실행안을 만들어낸다.

이것이 제품과 서비스를 기획하거나 마케팅 전략을 세우는 기본적인 순서이자 방법이다. 여기서 시작점은 무조건 고객이다. 마케팅 전략을 수립하고 계획을 세우건, 더 크게 사업모델을 만들고 사업 전략을 짜건 그 모든 시작점은 고객이어야 한다. 거시경제와 미시경제의 흐름을 살피고 유행과 트렌드를 파악하고 시장과 산업의 움직임을 예측하는 것도 매우 중요하고 반드시 해야 할 일이지만, 그 모든 출발점은 고객이 먼저다.

고객 인터뷰를 진행하고
페르소나를 설정해보자

고객을 파악하는 가장 일반적인 방법은 인터뷰를 진행하는 것이다. 구체적인 인터뷰 방법을 하나하나 나열하기보다는, 인터뷰를 통해 고객을 파악하여 이를 활용하는 흐름을 이야기하기 위한 측면에서만 살펴보겠다.

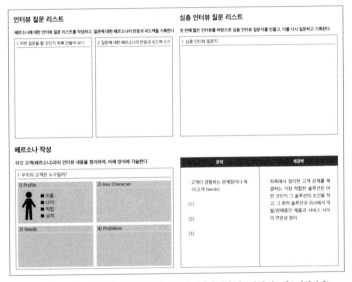

인터뷰 질문 리스트 정리와 페르소나 작성, 문제와 해결책 정리 템플릿(출처 : 패스파인더넷)

위의 이미지는 인터뷰 질문 리스트와 고객 페르소나 정리, 문제와 해결책 정리 템플릿이다. 내가 컨설팅이나 멘토링을 진행할 때 스타트업 대표와 기업의 기획자, 마케터들에게 전달해 작성을 요구한다.

인터뷰 질문지 구성이 조금 특이하게 보일 것이다. 1차 인터뷰와 2차 심층 인터뷰로 구분해놓았다. 보통 영혼을 갈아 고심해서 하나의 완결된 인터뷰 질문지를 짜고, 이를 최대한 많은 사람들(타깃 고객으로 예상되는 잠재 고객)에게 답을 받아내고자 할 것이다. 이 방법이 틀린 것은 아니다. 하지만 리서치에 익숙한 시니어 마케터나 전문가가 아닌 이상 단 한 번의 인터뷰를 통해 고객을 제대로 파악하기란 불가능에 가깝다. 그러니 이처럼 여러 번에 걸쳐 인터뷰를 진행하는 것을 추천한다.

1차로는 고객 니즈와 문제점 혹은 해결책의 실마리 등을 알아내기 위한, 비교적 짧고 부담스럽지 않은 가벼운 인터뷰를 소수의 인원에게 먼저 진행한다. 이때 인터뷰 질문 자체에 대한 고객들의 반응까지 꼼꼼히 적도록 한다. 이는 제대로 된 인터뷰를 여러 사람에게 진행하기 위한 사전 작업이다. 이렇게 하면 인터뷰 설계 시 예측하지 못했던 문제점이나 놓쳤던 세부 사항을 찾아서 인터뷰를 보완할 수 있고, 인터뷰를 통해 알아내야 할 내용과 인터뷰 목적을 보다 명확하게 정의할 수 있다. 이 과정은 만족스러운 결과물이 나올 때까지 여러 번 반복해도 좋다. 2차로는 심층 인터뷰를 준비한다. 심층 인터뷰 대상 인원은 많으면 많을수록 좋다. 일반화하기는 어렵지만, 수십 명 정도만 되어도 적은 것은 아니다.

1차와 2차 인터뷰를 충분히 반복 진행하고 나면 대부분의 궁금증은 풀린다. 이제까지 정성적인 접근이 강했다면, 이후부터는 인터뷰로 도출된 결과 그리고 마케팅 전략에 반영될 내용을 확인하는 정량적 차원의 설문지를 만들고 최대한 많은 잠재 고객들에게 뿌려 검증하면 된다. 물론 앞서 살펴본 것처럼 고객 자신도 정확하게 알지 못하거나 겉으로 드러나지 않는 니즈는 인터뷰나 리서치로 잘 드러나지 않는데, 이는 고객들을 직접 관찰하는 방법으로 알아낼 수 있다.

인터뷰를 마치고 나면 고객 페르소나를 정리한다. 고객 페르소나는 머릿속에서 내 타깃 고객이 어떤 모습을 하고 있고, 어떤 성격을 가졌으며, 어떤 라이프스타일로 생활하고, 어떤 행동들을 주로 하는 사람인지 구체화하는 것이다.

머릿속에서 그 고객 페르소나가 마치 실존하는 사람처럼 살아 움직이게 만들고, 이를 대상으로 사업 전략을 짜고 마케팅 전략이나 계획을 수립한다. 소설가나 시나리오 작가가 캐릭터를 만들고 여기에 상황을 부여한 다음 스스로 행동하게 만들어서 이야기를 이끌어나가는 작법과 비슷하다. 이렇게 하

면 어떤 상황이나 문제에 부딪혔을 때 매번 실제 고객을 찾아
다니지 않을 수 있어 유용하다.

고객 페르소나는
어떤 여정을 거치게 될까?

이번에는 마케팅 측면에 집중해보자. 앞서 이야기한 것들은
마케팅뿐 아니라 사업설계나 전략과도 관련되는 부분이 많
았다. 지금부터는 마케팅 커뮤니케이션으로 한정해서 살펴
보기로 하자.

고객 페르소나를 떠올리고, 그 사람이 우리 제품과 서비스를
어떻게 접하였으며 왜 지갑을 열게 되었는지를 상상해본다.
이 과정을 가리켜 '고객 여정'이라고 부른다. 고객 여정은 앞
서 살펴본 고객의 행동반경을 정의하는 역할을 한다.

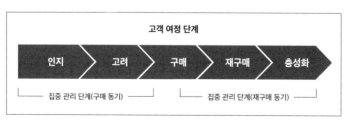

5단계로 정리한 일반적인 고객 여정

고객 여정은 일반적으로 5단계 정도로 구분한다. 고객이 우리 제품과 서비스를 어떻게 알게 되고(인지), 살 것인지 말 것인지 고민하다가(고려), 실제로 구입을 하고(구매), 만족하여 다시 구매하며(재구매), 이를 반복하면서 단골이 되는 단계(충성화)까지를 나누어 생각한다.

앞서 만들어놓은 고객 페르소나를 떠올리고, 설정된 페르소나가 고객 여정에 맞춰서 어떻게 생각하고 느끼고 행동하는지 상상해본다. 판단이 잘 서지 않는 부분은 실제로 고객에게 물어 확인한다. 그렇게 고객 여정을 정리한다.

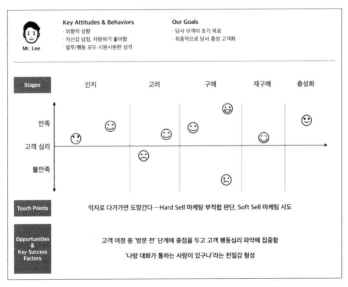

고객 페르소나를 통한 고객 여정 정리 예시(출처 : 패스파인더넷)

앞의 이미지는 내가 어느 기업을 어드바이징하는 과정에 참가한 직원이 실제로 정리한 고객 여정과 마케팅 전략안이다. 각 단계별로 고객이 심리적으로 어떻게 느끼고 무엇을 원하는지를 정리하고, 고객의 니즈와 문제에 맞춰 어떻게 해결책을 제시할 것인지를 일목요연하게 정리했다. 여기 정리된 표는 핵심 내용을 한 번에 보기 좋도록 정리한 것인데, 이 표를 시작으로 실행안까지 구체적인 내용들이 이어진다. 그 일부를 다음과 같이 정리했다.

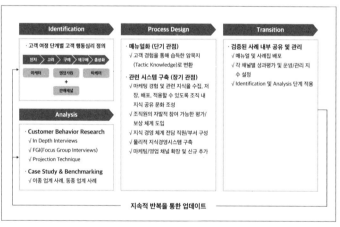

고객 여정 기반 실행안 핵심 내용 정리(출처 : 패스파인더넷)

고객 행동을 예측하려면
가설을 객관적으로 검증해야만 한다

창업가, 마케터, 영업사원, 사업 전략 담당자, 기획자들은 자신들이 고객과 시장에 대해 매우 잘 알고 있다고 착각하는 경우가 많다. 어느 정도 수준에 올라갔다고 생각하면 많은 부분을 데이터보다는 '뇌피셜'을 근거로 이야기한다.

물론 그것이 틀리지 않을 수도 있다. 인간의 두뇌는 여전히 가장 뛰어난 컴퓨터이고, 누적된 경험치를 순식간에 직관으로 발휘하여 해결책을 만들어낼 수도 있다. 하지만 이 또한 반복되다 보면 과거의 경험과 편견이 고객을 정확하게 판단하는 데 걸림돌로 작용하게 된다.

마케팅의 시작점은 무조건 고객이다. 정확하게 고객을 정의하고 고객의 행동을 예측하는 것은 무엇보다도 중요하다. 그러려면 고객을 객관적으로 알아야만 한다. 따라서 이미 나와 있는 방법론들을 활용해 머릿속에 있는 생각들을 꺼내는 것이 가장 현명한 행동이다. 꺼내서 정리하다 보면 놓쳤거나 잘못 알고 있는 부분을 파악할 수 있고, 함께 일하는 사람들과 생각을 공유해 하나의 방향으로 전략을 수렴할 수 있다. 고객을 머릿속에서 꺼내 검증하고, 다시 머릿속에 넣어 자유롭게 뛰놀게 하자!

고객 행동의 일정성과 사업 및 마케팅 전략에서의 활용

1. 고객이 무엇을 원하는지를 파악하는 것이 가장 중요하다.

2. 인터뷰를 통해 고객 페르소나를 정리하고, 페르소나를 사업계획과 마케팅 전략이라는 판 위에서 살아 움직이는 캐릭터로 활용한다.

3. 고객 여정은 사업과 마케팅에서 필요한 핵심 전략뿐 아니라 구체적인 실행방안까지 도출해내는 바탕이 된다.

2장

마케팅은
홍보활동이라는
편견

다음 질문에 한번 대답해보자.

"마케팅이란 무엇일까?"

아마 얼른 답하기 어려울 것이다. 한번 그동안 자신이 생각해온 마케팅이 무엇이었는지 잠시 떠올려보자. 너무 익숙하고 당연하다 보니 잘 알고 있다고 생각해왔을 것이다. 또 마케팅 분야에서 상식으로 일컬어지는 것들을 의심한 적 없이 시장과 고객 반응을 그 틀에 억지로 끼워 넣기도 해왔을 것이다.

고객에 대한 편견을 깨는 것만큼이나 중요한 것이 마케팅에 대한 편견을 깨는 것이다. 마케팅을 어떻게 생각하고 활용하느냐에 따라 고객을 바라보는 관점과 폭이 결정되기 때문이다.

이제부터 마케팅 담당자가 빠지기 쉬운 편견 세 가지를 살펴보자.

1. 마케팅은 광고다?

마케팅 하면 쉽게 떠올리는 것이 광고다. 특히 요즘은 온라인 광고나 SNS 콘텐츠를 자주 떠올린다. 퍼포먼스 마케팅이 유행한 이후 더욱 그렇게 된 듯하다. 틀린 말은 아니다. 그것 역시 분명 마케팅의 영역에 들어가기 때문이다. 하지만 이 말에 수긍하는 순간 마케팅의 본질이 아니라 겉으로 드러난 형태만 남는 비극이 발생한다.

마케팅은 단순히 광고가 아니다. 사업을 위해서나 업무를 위해 마케팅이 필요한 사람들이라면 마케팅에 대해 보다 정확하게 개념을 잡고 접근해야 한다.

먼저 마케팅의 정의를 스스로 내려야 한다. 더 나아가 마케팅에 관한 자신만의 철학까지 갖고 있다면 더 좋다. 그러면 마케팅이라는 이름으로 벌어지는 수많은 일들에 기준을 세우고 정확하게 의사결정을 내릴 수 있다.

"스스로 내린 마케팅의 정의가 무엇입니까?" 마케팅 강연을 하거나 컨설팅을 할 때면 참석한 대표나 마케터에게 늘 이 질문을 먼저 던진다. 어렵게 대답할 필요 없이 제일 먼저 떠오르는 단어나 이미지로 이야기해도 된다고 말한다. 그러면 정말 다양한 대답이 나온다. "돈 버는 거요", "광고하는 겁니다", "영업요", "고객가치 제공이요", "물건을 포장하는 겁니다", "브랜드요", "시장과 고객에 대해 아는 거요" 그러면 나는 대답한다. "지금까지 말씀하신 것들 모두 맞습니다."

정말로 모두 맞는다. 그만큼 마케팅의 범주는 광범위하다. 다만 여기서 중요한 점은, 떠오르는 첫 번째 단어나 이미지 또는 정의에 자신이 현재 마케팅에 바라거나 필요한 점이 무의식적으로 반영되어 있다는 사실이다. 즉 현재 사업이나 일을 영위함에 있어서 마케팅으로 당장 해야 할 일이라는 것이다. 이로부터 마케팅의 방향과 전략을 수립하면 사업과 일에서 성과가 나올 가능성이 높다.

덧붙여 최소 6개월에 한 번 정도는 마케팅의 정의에 대해 스스로 생각해볼 것을 권한다. 그때마다 마케팅의 정의가 달라질 가능성이 높고, 이것이 사업 전략과 연계한 마케팅 방향성을 드러내줄 확률이 높다. 학술적인 마케팅의 정의는 고정되어 있지만 사업이나 일을 하는 사람에게 마케팅의 정의는 변화무쌍하다. 이를 인정하고 활용하는 순간 기업이나 개인의 마케팅 역량이 쌓여갈 수 있다.

마케팅의 정의를 바라보는 시선

1. 마케팅은 단순히 광고와 홍보활동이 아니다.
2. 각자가 내리는 마케팅의 정의에 자신이 바라보는 사업과 마케팅의 방향성이 무의식적으로 드러난다.

2. 사업 전략에 마케팅이 없다?

일의 특성상 수많은 사업계획서를 접한다. 사업계획서에는 필수적으로 마케팅 전략과 계획이 포함되어야 한다. 하지만 마케팅 전략이 제대로 포함되어 있는 경우는 매우 드물다. 마케팅을 여전히 그냥 광고, 홍보로 생각하는 분들이 많은 것이다. "무엇을 하겠다는 거신지는 잘 알겠습니다. 그런데 마케팅 전략에 가격과 유통은 대체 어디에 있나요?"

마케팅에 대해 이야기할 때 나는 '마케팅의 3대 핵심 고려 요소'라는 것을 소개한다. 밸류체인(Value Chain), 4P(Product, Price, Place, Promotion), STP(Segmentation, Targeting, Positioning)가 그것이다. 이 세 가지만 알면 마케팅에 대해 다 알게 되는 것이라고 말한다. 그리고 각각이 무엇을 의미하는지, 이를 사업적으로 어떻게 활용하는지 예시를 들어 설명하고, 각자 영위하고 있는 사업모델이나 업무에 적용해보면서 생각을 정리하게끔 돕는다.

마케팅에서 4P, STP는 고전적인 개념으로 마케팅을 이야기하는 사람이라면 누구나 언급하는 것이다. 나는 여기에 밸류체인의 개념을 더한다. 흔히 4P와 STP를 나누어 이해하는 경향이 있는데, 여기에 밸류체인을 더하면 각각의 개념이 별개

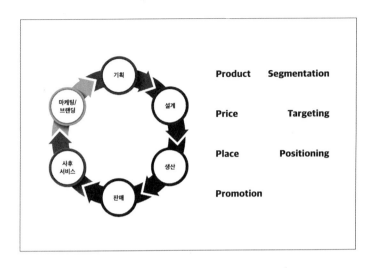

가 아니라 서로 영향을 주고받는다는 사실을 이해하기 쉽기 때문이다.

사업계획에는 마케팅의 3대 핵심 고려 요소가 모두 고려되고 반영되어야만 한다. 그래서 종국에는 사업 전반에 마케팅이 깊숙이 관여하여 시장과 고객에게 일관적인 가치와 경험을 제공하고, 기업 내부적으로는 업무에 일관적인 기준을 세움으로써 사업 방향성과 사업 전략이 실제로 구현되는 것에 흔들림이 없도록 한다. 개인적으로는 이를 '비즈니스 기반 마케팅'이라는 용어로 표현한다.

마케팅 담당자라면 내가 하고 있는 일이 사업 전체 맥락과 흐름에서 어디에 위치하고 어떤 기대를 받으며 무엇을 해야 하는지 파악할 수 있어야 한다. 그리고 대표나 임원이라면 사업과 조직 전체를 마케팅과 연계시켜봐야만 한다.

마케팅을 그저 광고나 홍보라고 생각하는 경향, 그리고 마케팅을 사업과는 별개로 생각하는 경향을 깨야 한다. 마케팅은 단지 프로모션이 아니다. 4P 모두가 마케팅이다. 단 하나라도 놓쳐서는 안 된다.

마케팅 전략의 구성 요소

1. 마케팅의 3대 핵심 고려 요소는 밸류체인, 4P, STP로 구성된다. 이 모든 것을 담아야 마케팅 전략이라 말할 수 있다.

2. 마케팅은 사업 전략과 처음부터 끝까지 깊게 연관되어야만 한다. 마케팅은 '비즈니스 기반 마케팅'이라는 생각이 필요하다.

3. 마케팅은 제품과 서비스가 나온 다음에 한다?

제품과 서비스가 좋으면 알아서 잘 팔릴 거라고 생각하는 사람들이 의외로 많다. 제품과 서비스가 좋아야만 한다는 것은 맞는 말이지만 그렇다고 무조건 잘 팔리는 것은 아니다. 반대로 제품과 서비스가 엉망인데 고객을 눈속임하는 광고와 홍보로만 많이 팔 수 있는 것도 아니다. 물론 일시적으로는 그렇게 될 수도 있지만, 시장과 고객은 바보가 아니다. 제품과 서비스에 문제가 있거나 고객의 기대치를 맞추지 못하면 점차 신뢰를 잃게 돼 사업의 존속 자체가 위태로워진다.

위와 같이 생각하는 이들의 공통점은 제품과 서비스가 있고 나서 마케팅이 존재한다고 여긴다는 점이다. 그러나 마케팅은 제품과 서비스를 먼저 만들고 나서 생각하는 것이 아니다. 제품과 서비스의 기획 단계부터 마케팅을 고민해야 한다. 앞서 밸류체인을 언급했던 이유다.

"시장이 원하는 바가 무엇이며 고객이 원하고 기대하는 바가 무엇인지 고민하고, 여기서 문제를 도출하여 해결책이 무엇인지 정리한다. 그 해결책을 시장과 고객에게 제공하는 것이 제품과 서비스다."

이 당연한 말을 굳이 왜 하는지 의아할 것이다. 하지만 이 당연한 것을 자꾸 놓칠 수 있다. 처음에 제품과 서비스를 기획할 때는 이 지점을 고민하지만, 조금만 방심해도 시장과 고객이 아니라 기업 자신이 만들고 싶은 것을 만들면서 그게 시장과 고객에게 필요한 것이라고 믿게 된다.

기업이 흔히 하는 실수가 고객이 필요로 하지 않는 기능을 덕지덕지 붙인, 가격만 비싼 오버 스펙 제품을 제공하는 것이다. 물론 사전에 시장 조사를 하지 않았을 리 없다. 다만 이러한 경우 이미 머릿속으로 제품과 서비스의 그림을 그려놓은 상태에서 시장과 고객 니즈 자료 중 자기 생각과 주장에 도움이 되는 근거만 취합해 실제 문제와 해결책을 왜곡했을 가능성이 높다.

중·소형견을 위한 놀이용 스마트 로봇을 만드는 업체와 미팅을 한 적이 있다. 대표가 직접 시연을 하고 제품과 서비스를 설명한 뒤 사업모델과 수익모델까지 이야기하는 자리였다. 대표는 각종 첨단 기술들이 총집약되었다고 설명했고, 시연 중에는 2미터 위에서 제품을 떨구기까지 하며 견고함을 과시했다.

하지만 보는 내내 이런 생각이 들었다. '과연 저 기능들을 골

고루 다 사용할 일이 있을까? 중·소형견이 사용하는데 저렇게까지 견고하게 만들 필요가 있을까? 저 제품을 반려견이 사용하면서 모은 데이터를 과연 돈이 되게 활용할 수 있을까?'

보다 결정적인 문제는 가격이었다. 제품에 여러 가지 기능이 붙으면 당연히 원가를 상승시킬 수밖에 없는데, 예상대로 가격이 어마어마했다. 반려견 장난감 하나가 40만 원이라니. 펫 용품 시장에서 고객이 반려견 장난감으로 지불 의사가 있는 최대 금액이 10만 원대 후반이고, 평균적으로는 10만 원에 훨씬 모자란다는 조사 결과를 알고 있던 상황이라 가격을 듣는 순간 머릿속이 하얗게 되었다.

제품과 서비스의 기획과 설계 및 생산 과정에서 시장과 고객, 즉 마케팅이 제대로 고려되지 않아서 생긴 심각한 문제였다. 대표 본인은 완벽한 제품을 만들었다고 생각했겠지만 실은 만들어도 팔리지 않을 제품을 만든 것이다. 나를 찾아온 이유도 제품을 만들었으니 이제 어떻게 마케팅해서 팔아야 할지 도와달라는 것이었다. 마케팅을 단순히 프로모션으로 생각한 것이다.

나는 간단히 의견을 전달했다. "대표님, 저 제품을 그 가격에 살 정도의 고객이면, 차라리 사람을 고용해 산책을 시키지 굳이 저 장난감이 강아지와 놀아주도록 하지는 않을 겁니다."

제품과 서비스는 기업이 자기만족을 위해 만드는 것이 아니다. 제품과 서비스의 시작점은 무조건 마케팅이다.

사업 전략과 마케팅의 관계

1. 마케팅은 특정 절차에서만 하는 활동이 아니다. 밸류체인의 모든 과정에서 고려되어야만 한다.

2. 마케팅은 사업 전략이 엉뚱한 방향으로 흘러가는 것을 방지하고, 제품과 서비스가 시장과 고객에게 다가갈 수 있는 현실적인 가이드를 제공한다.

3장

상품 기획에
정해진 순서와 원칙이
있다는 편견

앞서 마케팅에 대한 편견을 깨면서 무작정 제품과 서비스를 만드는 것은 사업을 접는 지름길이라는 사실을 알게 되었을 것이다. 고객에게 통하는 제품과 서비스를 만드는 것은 지속적인 사업 운영의 핵심이기 때문에, 상품 기획의 중요성은 아무리 강조해도 지나치지 않는다.

지금부터는 상품 기획에 관해 갖기 쉬운 여러 가지 편견을 깨고 생각을 넓히기 위한, 기존 상식과는 조금 다른 상황과 접근법을 살펴보도록 하자.

1. 시장 확보하고 제품과 서비스 만들기

우리는 정말 시장과 고객을 먼저 생각했을까? —아마존 워킹 백워드

21세기에 들어서서 이전의 상식이 깨지고 세상이 변하는 속도가 그 어느 때보다도 빠르다는 사실을 누구도 부정하지 못할 것이다. 그 중심에는 온라인과 모바일이 자리 잡고 있으며, 이는 사람들의 라이프스타일 자체를 완전히 변화시키고 있다.

그렇다 보니 지금까지의 상식을 다시 의심하고 새롭게 바라보는 일이 오히려 자연스럽게 됐다. 마케팅도 예외가 아니다. 마케팅 전략이나 상품 기획에서의 상식은 충분한 시장 조사와 고객 조사를 통해 도출한 결과를 바탕으로 이들의 니즈와 문제를 해결해주는 제품과 서비스를 개발하여 시장에 출시하는 것이었다. 지금도 대부분의 기업들이 쓰는 방식이다.

그러나 시장과 고객 트렌드는 너무 빨리 변하고 있다. 대략적으로만 맞춰도 알아서 잘 팔리던 시절은 지나갔다. 상품 기획 단계에서 실제 시장과 고객 니즈가 왜곡되거나, 출시한 제품과 서비스의 세일즈 포인트를 잘못 맞춰서 마케팅 커뮤니케이션에 문제가 생기는 일이 이따금 발생한다. 모든 사업 전략과 마케팅 관련 이야기에서 기업들이 시장과 고객 중심으로 움직여야 한다고 말하지만, 실제 기업들은 의지도 능력도 부족한 경우가 많다.

이런 상황에서 한 글로벌 기업이 새로운 마케팅 철학과 방법을 만들어 사업에 적용했다. 바로 아마존이다.

아마존 워킹 백워드(Amazon Working Backward)라고 들어보셨나요?

아마존은 기존의 상식을 파격적으로 뒤집는 마케팅 전략과 상품 기획 방법을 생각해 사업에 도입했다. 바로 '아마존 워킹 백워드'라고 불리는 마케팅 철학이자 방법론이다. 아마존은 기존의 프로세스를 말 그대로 완전히 '거꾸로 진행'해서 시장과 고객 중심 접근을 극단적으로 실행할 수 있는 프로세스를 마련했다.

먼저 한 유통 대기업의 통상적인 상품 개발 과정을 살펴보자. 상품 소싱이나 상품 기획을 진행하게 되면, 앞서 이야기한 것처럼 시장과 고객 조사를 바탕으로 상품 기획 방향성을 잡고 고객 니즈를 충족시키며 문제를 해결할 수 있도록 제품과 서비스를 설계하기 시작한다. 그리고 공급업체의 제안이나 박람회 및 전시장에서 얻은 아이디어, 동종업계의 히트상품이나 해외 성공 사례를 벤치마킹하는 과정을 거쳐 상품을 구체화한다. 여기에 회사 내부에 갖고 있던 관행이나 경험, 외부의 유행이나 트렌드 등을 고려해 시장과 고객에게 제공할 상품을 만들어 출시한다.

물론 이런 과정 역시 끊임없이 시장과 고객을 접한다는 점에서는 시장과 고객 중심이라 말할 수 있다. 시장과 고객의 니즈 및 문제가 매우 명확한 경우에는 이런 통상적인 방법으로도 성공적인 상품 기획이 가능하다.

하지만 이미 웬만한 제품과 서비스가 세상에 다 나온 상황에서는, 그리고 지금처럼 시장과 고객이 과거보다 훨씬 더 촘촘히 세분화된 시점에서는 이러한 상품 기획이 얼마나 효과적일지 의심해볼 필요가 있다. 아마존 워킹 백워드는 이러한 한계를 극복하기 위한 시도로 고안됐다.

아마존의 미션에서 비롯된
제품과 서비스 개발 프로세스

여태 상품 기획 방법론, 마케팅 전략이나 기획의 수립 방법론처럼 이야기했지만, 아마존 워킹 백워드는 사실 철학에 가깝다. 아마존의 미션 '세상에서 가장 고객 중심적인 기업이 되자(To be earth's the most customer centric company)'를 일하는 방식으로 치환한 것이기 때문이다. 단지 마케팅 방법론 가운데 하나가 아니라 임직원들의 일하는 방식 자체를 고객 중심적으로 바꾸기 위한 철학이며, 시장 및 고객과 직접적으로 접하는 부서 외에도 기업 내 모든 부서에 적용하는 개념이다. 그리고 이를 실행하기 위해서 구체적으로 제시한 방법이 '워킹 백워드(Working backwards)'이다.

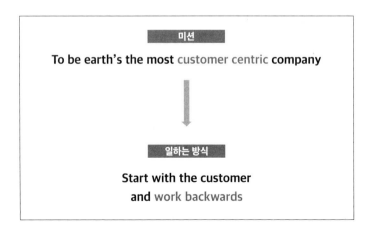

일반적인 프로세스와
아마존 프로세스의 차이

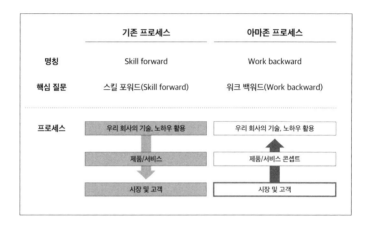

	기존 프로세스	아마존 프로세스
명칭	Skill forward	Work backward
핵심 질문	스킬 포워드(Skill forward)	워크 백워드(Work backward)
프로세스	우리 회사의 기술, 노하우 활용 ↓ 제품/서비스 ↓ 시장 및 고객	우리 회사의 기술, 노하우 활용 ↑ 제품/서비스 콘셉트 ↑ 시장 및 고객

기존 프로세스의 시작점은 기업 내부에 존재한다. '우리 회사가 가진 기술이나 강점을 어떻게 활용할 수 있을까?'를 고민하기 시작해서, 우리 회사의 기술과 노하우를 활용해 제품과 서비스를 만들고 이를 시장과 고객에게 제공하는 과정을 거친다. 한마디로 '스킬 포워드(Skill forward)'라 할 수 있다.

반면에 아마존 프로세스는 '시장에서 고객이 느끼는 불편함을 우리 회사가 해결할 수는 없을까?'가 생각의 출발점이다. 기존 프로세스와는 반대로 시장 및 고객에서 출발하여 제품과 서비스 콘셉트를 도출하고, 이를 개발하기 위해 회사가 가진 기술과 노하우를 활용한다. 회사 자체 역량만으로 해결할 수 없다면 해당 역량을 가진 외부 파트너 기업이나 자원을 활용한다. 이처럼 순서가 거꾸로 되어 있다 보니 '워킹 백워드(Working backward)'라고 표현한다.

워킹 백워드 프로세스의
구성을 알아보자

가장 먼저 하는 일은 시장과 고객의 니즈를 충족하고 문제를 해결한다는 전제하에, 제품과 서비스가 이미 출시되었다고 가정한 후 가상의 홍보자료(PR)를 작성하는 것이다. 다음으로는 고객들이 자주 질문할 만한 내용이 무엇일지 가상의 FAQ를 만든다. 이는 통상적인 상품 기획 프로세스라면 가장 마지막 과정에 위치한다.

홍보자료와 FAQ를 작성해보신 분들이라면 잘 아실 것이다. 시장에 매력적으로 다가가고 고객이 관심을 갖게 만들어 마침내 지갑을 열게 만드는 스토리라인의 최종 결정판이 홍보자료다. 따라서 서술하는 관점이 시장과 고객의 시선을 취한다. 회사의 역량이 아닌 고객의 니즈를 중심에 두고 매우 구체적이면서도 상세하게 접근할 수밖에 없다. 기존 프로세스처럼 회사가 가진 역량이 무엇인지부터 시작했다면 놓칠 수 있는 부분들을 잡아줄 수 있다. 당연히 기획한 제품과 서비스의 성공확률이 높아질 수밖에 없다.

홍보자료와 FAQ를 작성한 다음에는 이를 바탕으로 고객 경험을 구체적으로 시각화한다. 먼저 작성한 홍보자료와 FAQ를 실제로 배포한다고 가정하고 대상 역시 가상의 고객이 존재한다고 가정한다. 그리고 가상의 고객이 제품과 서비스를 어떻게 접하는지, 어떻게 구매하는지, 왜 다시 구매하게 되는지, 주위에 어떤 소문을 내는지까지 현실에서의 생각과 행동을 아주 구체적으로 작성한다. 이때 중요한 점은 고객이 이 과정을 통해서 긍정적인 감정을 갖도록 설계해야 한다는 점이다.

워킹 백워드 프로세스의 세부 사항

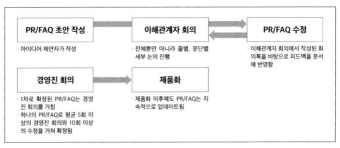

(출처: 「아마존 혁신 문화의 비밀—Working backward」, 임진식 교육사업부 본부장, AWS Summit Seoul 2019)

앞의 이미지는 실제로 아마존이 진행하는 워킹 백워드 프로세스의 상세한 과정을 정리한 것이다. 여기서 포인트는 이러한 단계가 단지 프로세스로서 존재한다는 것이 아니다. 아마존은 각 과정별로 상세한 논의는 물론 수차례의 경영진 회의를 거쳐 확정한다. 그리고 경영진 회의에서 확정될 때까지 결코 '제품화'를 진행하지 않는다. 기존 상품 기획에 익숙한 이들로서는 당혹스러울 수밖에 없다.

가장 먼저 할 일은 PR/FAQ 작성이다

앞서 언급한 것처럼 아마존 워킹 백워드 프로세스에서 가장 먼저 할 일은 홍보자료와 FAQ를 작성하는 것이다. 기존 프로세스였다면 이미 상품과 서비스가 나온 상황에서 가장 마지막에 할 일이다. 기존 프로세스에서도 상품 기획 단계에서 시장과 고객을 조사하고 그 결과를 반영하지만, 워킹 백워드에서는 여기에 더해 시장과 고객 입장을 반영한다. 즉 작성하는 사람이 실제 시장 속 고객 자체가 되어야만 가상의 홍보자료를 작성하고 FAQ를 만들 수 있다. 여전히 헷갈릴 텐데, 아마존 워킹 백워드 홍보자료와 FAQ 작성 양식을 보면 이해가 될 것이다.

구성 요소	세부 내용
제목(Heading)	· 고객이 이해하기 쉬운 언어로 제품 이름을 적음
부제(Sub-heading)	· 제목 밑에 한 문장으로 언급 · 타깃 고객 언급, 그리고 그들이 제품/서비스를 통해 얻을 수 있는 이점, 또는 제품을 사용하면 좋은 점
문제점(Problem)	· 기존 시장과 기존 제품/서비스가 가진 문제점, 고객의 Pain point
솔루션(Solution)	· 우리 제품/서비스가 그 문제를 어떻게 해결할 수 있는지
내부관계자의 말(Quote from you)	· 제품/서비스에 관한 회사 관계자의 코멘트를 인용함
이용 방법(How to get started)	· 제품/서비스의 이용이 쉽고 간편함을 어필함
고객의 말(Customer quote)	· 제품/서비스를 이용한 고객의 소감
마무리(Closing and call to action)	· Call to action 포함

가상의 홍보자료 작성하기

워킹 백워드에서 가상의 홍보자료 작성 양식은 매우 구체적이고 상세하다. 각 구성 요소는 최대 3~4문장으로, 홍보자료 전체는 1~2페이지로 작성한다. 이때 구성 요소는 하나도 놓치지 않고 서술해야 한다.

구성 요소와 세부 내용을 유심히 보면, 기본 상품 기획 시 고려해야 할 요소를 모두 담고 있으면서도 육하원칙에 의해 팩트 기반으로 논리적인 설득을 해야 하는 언론 기사의 서술 방식을 활용하고 있음을 알 수 있다. 이는 공급자 입장에서 빠질 수 있는 오류를 시장과 고객 입장에서 서술함으로써 잡아주는 효과가 있다. 또한 간결하지만 가장 임팩트 있는 내용을 써야 하기 때문에 마케팅 커뮤니케이션 메시지를 동시에 정리하는 효과가 있다. 분량은 적지만 이 작업을 하기 위해서는 엄청난 고민이 필요하다.

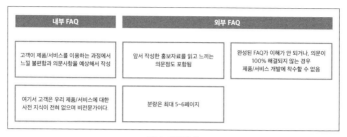

내부 FAQ	외부 FAQ	
고객이 제품/서비스를 이용하는 과정에서 느낄 불편함과 의문사항을 예상해서 작성	앞서 작성한 홍보자료를 읽고 느끼는 의문점도 포함됨	완성된 FAQ가 이해가 안 되거나, 의문이 100% 해결되지 않는 경우 제품/서비스 개발에 착수할 수 없음
여기서 고객은 우리 제품/서비스에 대한 사전 지식이 전혀 없으며 비전문가이다.	분량은 최대 5~6페이지	

FAQ 작성하기

다음은 FAQ 작성방법이다. 여기서 가장 중요한 포인트는 '고객은 우리 제품 또는 서비스에 대한 사전 지식이 전혀 없으며 비전문가'라는 가정이다. 흔하게 말하는 '유치원생도 알아들을 수 있는 수준'으로 고객의 눈높이에 철저히 맞춰서 써야 한다.

FAQ는 가상의 홍보자료에 모두 담을 수 없는 내용을 보완하는 역할을 한다. 홍보자료를 읽고 자연스럽게 떠오르는 의문을 풀어주거나, 현시점만을 담을 수밖에 없는 홍보자료 양식의 한계를 보완해 전후 상황의 시간적 흐름 또는 주위 배경 이야기를 FAQ를 통해 할 수 있다. 또 만약에 발생할 문제점을 사전에 점검할 수 있으며 이로써 고객을 설득하는 논리를 강화할 수 있다.

고객 경험을 묘사해보자

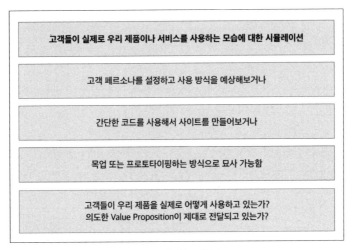

Visual. 고객 경험 묘사하기

홍보자료와 FAQ를 작성한 다음에 할 일은 고객 경험을 묘사하는 것이다. 고객들이 실제로 우리 제품과 서비스를 사용하고 있는 모습을 시뮬레이션하는 것으로 최대한 '시각화'하는 것이 핵심이다. 시각화하는 이유는 추상적으로 넘어갈 수 있는 고객 경험을 구체적이고 현실적으로 다듬을 수 있기 때문이다. 시각화된 시뮬레이션을 준비하다 보면 고객 경험 과정에서 빠져 있거나 앞 단계에서 미흡했던 부분을 놓치지 않고 상세하게 챙길 수 있다.

우리가 잊지 말아야 할 점은 홍보자료와 FAQ, 그리고 고객 경험 묘사 모두 아직 제품과 서비스가 실제로 만들어지지 않은 상태에서 실시하고 있다는 점이다. 아마존 워킹 백워드에서 가장 먼저 하는 이 세 가지를 완성하고 나면 이미 제품과 서비스가 나왔다는 착각이 들 것이다. 그만큼 철저히 시장과 고객 입장에 서서 상품 기획이나 신사업을 준비할 수 있으며, 시장과 고객 니즈를 바탕으로 실제 지갑을 열 수 있는 포인트까지 제품과 서비스 개발 전에 파악할 수 있다. 따라서 제품과 서비스 출시 후 실패할 확률이 최소화되며, 시간과 돈 낭비를 획기적으로 줄일 수 있다.

아마존은 가상의 홍보자료, FAQ, 고객 경험 묘사 내용으로 의사결정을 한다. 첫 번째 단계로 이해관계자들과의 세부 논의를 진행해서 내용을 수정·보완하거나, 시장성이 떨어질 경우 중도에 중단한다. 여러 번의 미팅을 통해 해볼 만하다는 판단이 서면 두 번째 단계로 경영진 회의에 넘겨 의사결정 과정을 거치게 된다. 이 단계에서도 한 번에 결정하기보다는 여러 번의 세부 논의 과정을 거쳐서 판단의 오류를 최소화한다. 두 단계 모두 통과하고 나면 비로소 실제 제품과 서비스 개발에 들어가며, 제품화 단계 이후에도 홍보자료와 FAQ, 고객 경험 묘사를 지속적으로 업데이트한다.

아마존 워킹 백워드를 실행한
국내 대기업의 사례

아마존 워킹 백워드를 실제 현업에 적용한 사례를 알아보자. 아직 국내에 실제로 제품과 서비스가 출시된 사례는 거의 없다. 하지만 몇몇 발 빠른 기업들이 이를 도입해 국내 현실에 맞춰 다른 마케팅이나 사업 전략 방법론 등을 동시에 활용하고 있다.

얼마 전 산업군 내에서 국내 1위인 대기업과 아마존 워킹 백워드를 실무자 과정에 도입하는 교육을 진행했다. 장기 교육

구성 요소	
제목(Heading)	· ○○○, 엄선해서 만든 제철식품 박스 '○○○○'을 선보여…
부제(Sub-heading)	· '○○○○'은 ○○○가 제철을 맞은 ○○ 프리미엄 식품의 대중화를 위해 만든 박스 상품이다.
문제점(Problem)	· ○○○는 코로나로 촉발된 지속된 경제침체로 우리 식탁에 프리미엄 식품이 오르기 점점 어려워지고 있다는 점에 착안했다.
솔루션(Solution)	· 그래서 지자체와 협업하여 제철을 맞은 프리미엄 상품을 2~3개 정도 하나의 박스로 꾸린 '○○○○'시리즈를 출시하기로 결정했다. 첫 번째 시리즈는 '○○○○○'이다. 10월에 축제가 열리는 ○○○, 가을이 제철인 ○○○○○○, 바닷바람을 맞고 자란 ○○○○ 총 세 가지 상품으로 구성된다. 가격은 ○○○○원으로 ○○○, ○○○○, ○○○○○○가 들어 있다. 이를 별도로 구매했을 때 ○만 원 이상을 상회한다.
내부관계자의 말(Quote from you)	· 해당 상품을 기획한 ○○○○○○○은 '대한민국 중산층의 생활을 풍요롭게 만들자는 할인점의 본질을 생각하다가 제철을 맞은 상품을 특산물로 하는 각 지차체와의 협업을 통해 ○○○○을 기획하게 되었다'고 말했다.
이용 방법(How to get started)	· '○○○○'은 오는 ○○월부터 한 주간 ○○○ 전국 매장과 ○○○○에서 만날 수 있다. 3만 박스 한정물량이며 점포별로 물량이 한정되어 있다는 점을 참고해야 한다.
고객의 말(Customer quote)	· 서울 강동구에 사는 40대 주부 고객은 '요새와 같이 경제적으로 어려운 시기에 평소에 사 먹기 부담스러운 좋은 상품을 제철에 저렴하게 사 먹을 수 있게 되어 좋다'고 말했다.
마무리(Closing and call to action)	· ○○○는 이번 ○○○○의 판매 추이를 보고 추후 제철을 맞은 다른 지자체와 협업하여 ○○○○ 시리즈 판매를 이어나갈 것을 약속했다.

1. 가상의 홍보자료 구성 요소에 맞춰 서술

○○○, 엄선해서 만든 제철식품 박스 '○○○○'을 선보여…

'○○○○'은 ○○○가 제철을 맞은 ○○ 프리미엄 식품의 대중화를 위해 만든 박스 상품이다.

○○○는 오는 ○○월부터 프리미엄 식품의 대중화를 위해 제철을 맞은 ○○ 프리미엄 식품을 한데 모은 '○○○○'을 출시한다고 밝혔다.

○○○는 코로나로 촉발된 지속된 경제 침체로 우리 식탁에 프리미엄 식품이 오르기 점점 어려워지고 있다는 점에 착안했다. 그래서 지자체와 협업하여 제철을 맞은 프리미엄 상품 2~3개 정도를 하나의 박스로 꾸린 '○○○○' 시리즈를 출시하기로 결정했다.

첫 번째 시리즈는 '○○○○○'이다. 10월에 출제가 열리는 ○○○, 가을이 제철인 ○○○○○○, 바닷바람을 맞고 자란 ○○○○ 총 세 가지 상품으로 구성된다. 가격은 ○○○○원으로 ○○○, ○○○○, ○○○○○○가 들어 있다. 이를 별도로 구매했을 때 ○만 원 이상을 상회한다.

해당 상품을 기획한 ○○○○○○○는 '대한민국 중산층의 생활을 풍요롭게 만들자는 할인점의 본질을 생각하다가 제철을 맞은 상품을 특산품으로 하는 각 지자체와의 협업을 통해 ○○○○을 기획하게 되었다'고 말했다.

'○○○○'은 오는 ○○월부터 한 주간 ○○○ 전국 매장과 ○○○○에서 만날 수 있다. 3만 박스 한정물량이며 점포별로 물량이 한정되어 있다는 점을 참고해야 한다.

서울 강동구에 사는 40대 주부 고객은 '요새와 같이 경제적으로 어려운 시기에 평소에 사 먹기 부담스러운 좋은 상품을 제철에 저렴하게 사 먹을 수 있게 되어 좋다'고 말했다.

○○○는 이번 ○○○○의 판매 추이를 보고 추후 제철을 맞은 다른 지자체와 협업하여 ○○○○ 시리즈 판매를 이어나갈 것을 약속했다.

2. 홍보자료 작성

내부 FAQ

Q. 운영시기는 언제로 할 것인가?
A. [   ]
A. [   ]
A. [   ]
A. [   ]
각 지역의 시기에 맞춰 연 4회 진행

Q. 판매 방식은 어떻게 할 것인가? (온라인, 오프라인 등)
A. 온라인 : ○○○○, 오프라인 : ○○○○○○
A. 온라인 판매방식은 ○○○○를 활용한 판매방식
· why : 산지의 생생함을 전달함으로써 직접 눈으로 확인하지 않아도 신선도를 알 수 있음
· 오전 발송 : 당일주문량 확인 → 당일작업 → 당일배송(아이스박스 필수) → 익일도착 또는 날짜지정가능(1~2일 배송기간 압축)
· 오후 발송 : 당일주문량 확인 → 익일작업 → 익일배송(아이스박스 필수) → 익일도착 또는 날짜지정가능(1~2일 배송기간 압축)
A. 오프라인 판매방식은 ○○○○○○ 방식
· 일정 예약기간을 설정하고 배송기간을 1~2일로 압축하여 배송
· 리미티드 딜 행사를 통한 한정수량 판매
· 무거운 상품을 직접 가져갈 필요 없이 며칠 이내로 배송받을 수 있음

Q. 어떤 상품을 구성해서 운영할 것인가?
A. 대표 프리미엄 상품으로 구성하며 ○○○보다는 ○○○○ ○○○○○ 등으로 구성하고 ○○○는 서브상품으로 운영. ○○○가 메인이 될 수 없는 이유는 단가적인 측면에서 ○○○ 비율이 높아지면 비싸다는 인식을 심어줄 수 있음.
· 프리미엄 상품: 예를 들어 해당지역의 1%만 나오는 특별한 산물. ○○○, ○○○○ 등등.

3. FAQ 작성

이 진행되는 수개월 동안 실제 출시를 전제로 최종성과물 도출에 집중했다. 앞쪽에 제시한 자료는 이때 한 팀이 작성한 가상의 홍보자료와 FAQ 케이스다. 제철식품을 제품화시키기 위해 작성된 자료 중 일부다.

보안상 많은 부분을 가리기는 했지만, 얼마나 상세하고 구체적으로 작성했는지 느껴질 것이다. 마치 실제 제품과 서비스가 나온 상태로 착각하게 될 정도다.

새로운 시도는 변화의 시작이다

아마존 워킹 백워드는 완벽한 방법론은 아니다. 시장과 고객을 중심으로 한 마케팅과 상품 기획의 극단적인 형태일 뿐이다. 이것이 사업이나 마케팅에서 맞닥뜨릴 문제나 이슈의 모든 것을 해결해주거나 성공을 보장하지는 않는다. 또 여기서는 전체 과정 중 일부만 다루었을 뿐더러, 구체화된 프로세스가 분명 존재함에도 불구하고 이 자체만으로는 활용하기에 어려움이 많다. 방법론보다는 철학에 가까운 개념이기 때문이다. 그래서 보통 린 스타트업(Lean Startup), 페르소나와 고객 여정 정리, 제품 문장화나 브랜드 아이덴티티 수립 등 다양한 사업이나 마케팅 방법론이 병행되어야 아마존 워킹 백워드를 제대로 활용할 수 있다.

그렇지만 기존 생각의 틀을 깨고 삐딱하게 바라보고 적용해보는 꾸준한 시도가 현재 부딪힌 문제를 해결해줄 수 있는 가능성이 높다는 점에서 소개해보았다. 지금 사업이나 마케팅에서의 고민이 많은 기업이라면 아마존 워킹 백워드를 참고하여 현업 적용 또는 조직 내 관련 인원의 역량 향상을 위해한번 고려해볼 만할 것이다. 새로운 시도는 조직 내·외부 변화의 시작점이며, 이를 통해 생각보다 많은 것을 얻을 수 있다는 점만 기억했으면 좋겠다.

제품과 서비스 기획 전 시장 확보를 위한 새로운 방법

1. 우리가 가진 기술과 노하우가 아니라 시장과 고객을 출발점으로 삼으면 성공확률을 높일 수 있다.
2. 아마존 워킹 백워드는 시장과 고객에서 출발해 '가상의 홍보자료-FAQ-고객 경험 묘사'를 먼저 작성해보는 단계를 거친다.
3. 새로운 프로세스와 방법론 도입은 지금까지 생각하지 못했던 부분을 발견하게 해주고 풀지 못했던 문제를 풀 수 있는 새로운 시각과 기회를 제공한다.

2. 고객 확보하고 제품과 서비스 만들기

제품이 없어도 고객을 먼저 모을 수 있지 않을까?

무신사, TS, MKYU, 블라인드의 공통점은 무엇일까? 무신사는 온라인 패션 쇼핑 사이트다. TS는 '탈모 스톱'을 알파벳으로 쓴 첫 글자를 따서 조합한 것으로, 홈쇼핑에서 탈모 관리 샴푸로 유명하다. MKYU는 여성들의 자기계발 롤모델이자 멘토로 유명한 김미경 강사가 유튜브 MKTV와 더불어 운영하는 교육 사이트다. 블라인드는 전·현직 직장인들이 회사와 산업, 직무별로 모여 이슈를 공유하고 이야기를 나누는 커뮤니티앱이다. 어떤가? 정리를 듣고 나니 오히려 서로 연관성이 1도 없어 보인다고?

지금까지의 마케팅은
어떤 순서로 진행됐는가?

이들의 공통점이 무엇인지 찾아보기 전에 잠시 기존 마케팅에 대해 살펴보자. 먼저 여러분이 제품과 서비스를 마케팅해야 하는 입장이라고 가정한다. 개인적으로는 밸류체인을 고려한 비즈니스 기반 마케팅을 추구하지만, 여기서는 가장 일반적인 제품 및 서비스 개발과 마케팅 순서를 짚어보겠다. 참고로 마케팅은 4P(Product, Place, Price, Promotion) 기준으로 작성했다.

① 시장과 고객 니즈를 파악한다.
② 제품이나 서비스를 개발한다.
③ 가격을 정하고 유통 채널을 구축한다.
④ 판매를 위해 광고와 홍보 등 프로모션을 한다.

1번과 2번 시점에 시장과 고객을 명확히 정의하고 어떤 위치로 나갈지 포지셔닝(Positioning)하는 과정이 있을 것이다. 빠르면 2번부터, 통상적으로는 3번과 4번 정도에서 브랜드를 개발한다. 그리고 4번부터 고객을 만나기 시작한다. 모든 것이 잘 돌아가고 성공했다는 전제하에 시간이 갈수록 고객은 점차 늘어나고 제품과 서비스의 열광적인 팬이 된다. 한마디로 정리하면, '제품과 서비스 먼저, 고객은 그다음'의 순서다. 그런데 이 방법이 지금도 잘 통할까?

기존 마케팅 방법론을
삐딱하게 다시 보자

앞서 말한 통상적인 마케팅 방법론은 지금도 유효하며 여전히 자주 사용되고 있다. 나 역시 기본적인 마케팅 틀로서 항상 사용한다. 하지만 이것이 통하지 않는 사례가 점점 더 많아지고 있다.

코로나는 세상의 변화를 급가속시키면서 잘 보이지 않았던 변화를 하나둘 양지로 끌어 올렸다. 물론 이미 시장과 고객은 기호와 취향에 따라 파편화되고 있었기에 예전의 인구통계학적인 큰 그물로는 붙잡히지 않는 것들이 많았다. 그래서 라이프스타일을 기준으로 다시 정의하여 분류하기도 하고, 처음부터 기호와 취향을 기준으로 분석하기도 해왔다.

하지만 그렇게 해도 파악이 잘되지 않거나, 너무 시장을 잘게 쪼개서 시장성이 없거나, 마케팅 커뮤니케이션으로 접근하기 어렵다거나 하는 여러 가지 문제가 발생했다. 여기서 누군가는 생각했을 거다. '아, 너무 복잡하고 어려워서 머리가 터질 것 같다. 일단 사람부터 모아놓으면 뭔가 되겠지!'

사실 이는 스타트업계에서는 아주 흔한 접근법이었다. 20여

년 전 벤처 붐과 함께 시도되었고 지금은 스타트업으로 용어가 바뀌었을 뿐, 소위 플랫폼 사업을 하는 대부분의 업체가 사용하는 방식이다. 과거 다음과 네이버가 그랬고, 지금은 배달의민족이 그렇다. 해외의 페이스북과 넷플릭스도 동일한 방법을 사용했다.

최소한의 사업아이템과 사업 방향성이 잡히면 그것으로 사람부터 모은다. 이들이 원하는 제품과 서비스를 확충해나가면서 사람을 더 끌어모으고, 이들을 고객으로 만든다. '사람이 곧 돈이다'라고까지 말한다. 일반적인 마케팅 순서가 '제품과 서비스 먼저, 고객은 그다음'이라면, 이것은 '고객 먼저, 제품과 서비스는 그다음'인 방법이다.

무신사, TS, MKYU, 블라인드의 공통점

무신사, TS, MKYU, 블라인드의 공통점이 바로 이것이다. 일반적인 마케팅 방법론의 역순으로 사업을 성장시키고 있다. 먼저 고객을 확보하고, 고객이 원하는 제품과 서비스를 제공해서 사업을 키우는 것이다. 그러면 각 기업이 초기에 어떻게 시작해서 지금에 왔는지를 살펴보자.

무신사는 2001년 패션 운동화 인터넷 커뮤니티로 시작했다. 운동화를 좋아하는 사람들이 하나둘 모이기 시작하면서 커뮤니티가 형성되었고, 그 관심은 자연스럽게 패션으로 이어졌다. 그리고 패션 온라인 매거진을 내놓으며 초기 마니아적인 성격이 조금씩 누그러지고 더 많은 사람들을 끌어들일 수 있었다. 2009년 이커머스 기능이 추가되어 본격적인 사업화에 들어가서 지금의 모습까지 진화했다.

TS는 '탈모 스톱'이라는 이름 그대로 탈모 커뮤니티가 그 모태가 되었다. 탈모에 관한 고민이 많은 사람들이 모여서 서로 고민을 공유하고 탈모와 발모에 관한 정보를 나누었다. 그러다 탈모를 예방하거나 줄일 수 있는 기능성 샴푸를 직접 만들게 되었다. 무신사와 마찬가지로 커뮤니티 내 사람들이 초기 고객이 되어 사업화의 기반이 되었고, 지금은 TS 브랜드를 중심으로 고객이 원하는 제품과 서비스를 연이어 내놓고 있다. 헤어뿐 아니라 바디 케어, 코스메틱, 헬스&리빙, 여기에 건강 기능식품까지 상품 영역을 확장했다.

MKYU 사례를 보자. 김미경은 유명한 셀럽 강사이자 연사로, 방송부터 책 출간에 이르기까지 활발한 활동을 펼쳐왔다. 지금은 165만 명이 훨씬 넘는 유튜브 채널 MKTV를 운영하고 있으며, 여전히 셀럽으로 많은 곳에 초청받고 있다. 이런 그

녀에게 하나둘 팬이 생기기 시작하면서 팬클럽이 형성되는 것은 당연했다. 특히 3050 여성들의 롤모델이자 멘토로 절대적인 지지를 받았다. 김미경이 사업으로 진행하는 미경 유튜브 유니버시티, 약칭 MKYU는 이런 지지를 바탕으로 2018년에 시작됐다. MKYU 사이트는 일반적인 교육 사이트와 많이 다르다. 교육 사이트가 대부분 일정한 주제를 중심으로 한 교육 콘텐츠를 제공하는데 반하여 MKYU가 다루는 주제는 자기계발, 전문성 직무교육, 글쓰기, 재테크 등등 폭이 넓다. 그 이유는 간단하다. 이용 고객인 3050 여성이 원하고 필요하다고 생각하는 모든 지식과 교육을 제공하고자 하기 때문이다.

블라인드는 직장인 익명 커뮤니티로 시작됐다. 회사 내부 문제나 이슈가 가장 빨리 퍼지며 뉴스로는 알 수 없는 내용들이 오고 간다. 먼저 블라인드 내에서 이슈가 되어 언론에 노출되는 일도 허다해졌다. 그런 블라인드가 지난 2022년 11월 신규 서비스로 직장인 미팅앱 '블릿'을 출시했다. 블라인드가 기존에 제공하던 서비스를 생각하면 데이팅앱 출시는 전혀 관련이 없어 보인다. 하지만 블라인드 서비스를 이용하기 위해서는 직장인 인증 과정이 필수였던 만큼, 블라인드 고객들은 검증된 직장인들이 대부분이다. 그런데 데이팅앱 서비스의 어려움은 신분이 확실하고 믿을 만한 사람을 참여자로 확보해야 한다는 점이다. 따라서 기존 블라인드 고객인 직장인들 중

연애 니즈가 있는 사람들을 대상으로 서로 믿을 만한 사람을 연결해줄 수 있으니, 고객 측면에서만 보면 블라인드의 데이팅앱 서비스 출시는 자연스러운 결과라 할 수 있다.

팬클럽이 팬덤으로,
팬덤이 대중으로

제품과 서비스를 먼저 마련하고 고객을 모으는 기존의 방식은 여전히 많이 쓰이고 있고 효과도 있다. 그러나 지금처럼 시장과 고객의 기호와 취향이 다양하게 쪼개지면서 효율성이 떨어진 상황에서는 일정한 목적이나 성향을 가진 고객을 먼저 확보하고 이들이 원하는 제품과 서비스를 제공하는 방법도 고려해볼 만하다.

처음 시작은 팬클럽 수준일 것이다. 이를 팬덤으로 키우고 팬덤의 힘이 대중으로 넘어가도록 만들어가야 한다. 동시에 이들이 원하는 바를 지속적으로 파악하고 제공함으로써 장기적인 충성고객으로 만들고 사업 포트폴리오를 확장해갈 수 있다. 이는 매번 시장과 고객을 찾아다니는 수고를 덜면서도 사업을 확장할 수 있는, 지금 시대에 맞는 마케팅 접근법 중하나가 아닐까 싶다.

미리 확보한 고객을 활용하는 방법

1. 우리 제품과 서비스를 살 수 있는 잠재 고객을 먼저 확보하고 사업과 마케팅을 진행하는 방식도 가능하다.

2. 우리에게 긍정적인 시선과 호의적인 감정을 갖고 있는 사람들은 향후 우리가 무엇을 하건 고객이 될 가능성이 높다.

3. 제값 받는 제품과 서비스 만들기

가격이 싸기만 하면 잘 팔릴까?

**마케팅 중 가장 어려운 절차는
가격 책정이다.**

사업을 하거나, 창업을 하거나, 장사를 하거나, 혹은 상품 기획이나 마케팅 업무를 하다 보면 가장 까다롭고 어려운 일이 바로 가격 책정이다.

새로운 마케팅 프로젝트를 진행할 때만 해도 가격은 크게 신경 쓰이지 않는다. 당장 눈앞에 있는 일들만 해도 혼이 쏙 빠지기 마련이다. 상품이나 서비스를 기획하고, 양산과 출시에 신경 쓰고, 거기에 맞춰 유통 채널과 마케팅 커뮤니케이션 준비를 순차적으로 하는 것만도 할 일이 태산이다. 더구나 무슨 자신감인지 세상에 이렇게 좋은 상품과 서비스를 내놓으면 사람들이 기다렸다는 듯이 환호할 것만 같다. 고객들이 간절히 원하던 상품과 서비스이니 가격표에 얼마를 적어놓건 지갑을 흔쾌히 열 것이라는 기분 좋은 상상까지 해본다.

그렇지만 출시일이 다가올수록 처음의 패기는 어디로 사라졌는지 점점 심장이 쫄리기 시작한다. '가격이 너무 비싼 것 같은데 더 낮춰야 하는 게 아닐까? 비싸다고 고객들이 외면하면 어떻게 하지?' 하루하루 머릿속은 더욱 복잡해지고 가격 하나 때문에 여태 쌓은 공든 탑이 몽땅 무너질 것만 같은 걱정이 든다.

지금까지 가격 책정은
어떻게 해왔는가?

가격 책정(Pricing)도 마케팅 4P의 다른 3요소들처럼 출발점이자 기준은 시장과 고객에 있다. 한 가지 차이점이라면 여기에 내부적 기준인 '원가'라는 개념이 더해진다는 것이다. 어쨌거나 상품과 서비스를 팔면 이익이 남아야 하기 때문이다. 물론 사업 전략에 따라서는 손해를 보는 가격 책정도 가능하기는 하다. 하지만 가장 일반적인 상황, 즉 당장 수익을 내야 하는 경우로 가정하여 가격 책정 유형을 단순하게 정리해보면 다음과 같다.

① '원가 + 이익 = 가격' 공식을 적용.
② 직접적으로 경쟁하거나 유사한 고객 가치를 제공하는

상품 및 서비스와 비교하여 가격 책정.

③ 고객이 상품과 서비스에 부여한 가치를 기준으로 한 고객의 지불 의사에 맞춰 가격 책정.

④ 앞서 세 가지 방법을 혼합하여 책정.

현실적으로 가장 많이 쓰는 방법은 ④번이다. ①번~③번 각각도 의미가 있지만 개별적으로 사용하면 한계가 명확하다. ①번은 실제 고객이 얼마까지 지불할 용의가 있는지에 대한 고민이 빠져 있고, ②번과 ③번은 ①번을 고려하지 않으면 손해를 입을 수 있다. ③번은 실제로 적용하기가 매우 어렵다.

가격을 대하는 고객의 이중성

마케팅이나 브랜드 관련 리서치를 하다 보면 가장 오류가 심하게 발생하는 부분 중 하나가 '가격'이다. 어떤 목적으로, 어떤 방법을 써서 리서치를 돌려도 신기하게 가격 이야기만 나오면 고객들은 비싸다는 불만을 쏟아놓는다. 더 신기한 것은 가격을 내리고 또 내려도 고객 중에는 여전히 비싸다고 말하는 사람들이 꼭 있다는 점이다. 생각해보면 고객 입장에서는 자기 돈이 나가는 일이므로 가격은 언제나 불만 요소가 될 수밖에 없다.

그럼 만약 공짜로 주면 불만이 없을까? 안타깝게도 공짜로 주면 상품과 서비스 이외의 부분, 예를 들어 A/S 비용 등으로 불만이 발생한다. 제로 가격도 아니고 이제는 마이너스 가격인데도 그렇다. 한마디로 정리하면 이거다. '고객은 가격에 있어서는 절대 만족하지 않는다.'

그런데 고객은 싼 게 비지떡이라는 말도 한다. 가격이 싸면 싼 만큼 문제가 있거나, 딱 그 정도의 가치만 한다고 생각한다. 바꿔 말하면 싸게 살수록 상품과 서비스에 대한 기대치를 낮춘다. 반대로 지불한 가격보다 훨씬 더 많은 가치를 받는다고 느끼면 고객은 감동한다. 예전에 '대륙의 실수'라 불리던 샤오미의 경우가 그랬다. '생각한 것보다 가격이 싸고, 기대한 것보다 상품과 서비스가 좋으면 잘 팔린다.' 지금까지 수천 년 지속되어온 이 진리는 여전히 유효하다.

여기서 문제 한 가지는 이러한 조건을 만족시키는 상품과 서비스를 만들기가 정말 쉽지 않다는 점이고, 다른 한 가지는 원가와 비교해 지나치게 비싼 물건들이 잘 팔리는 사례도 아주 많다는 것이다. 가격 책정은 단순히 가격이 싸다, 비싸다로 결론나지 않는 문제다.

가격 책정을 삐딱하게
다시 보자

다시 정리하면 가격 책정의 포인트는 '고객의 생각과 기대를 어떻게 관리하느냐'라고 할 수 있다. 이처럼 고객을 중심에 놓고 생각해보면 한 가지 더 생각할 거리가 생긴다.

비싼 값을 지불했지만 별로 마음에 들지 않는 제품이나 서비스를 받았을 때 애써 좋게 생각하고 포장한 경험이 누구나 있을 것이다. 예를 들어 비싼 책을 한 권 샀는데 내용이 너무 어렵다면 반품하는 대신 '틈틈이 억지로라도 읽다 보면 언젠가 도움이 되겠지' 하고 생각한다. 물론 책은 결국 장식품으로 책장에서 잠을 잔다. 기껏 비싼 옷을 질렀는데 주위 사람들이 옷이 이상하다거나 잘 안 어울린다고 말하면 그건 그들이 패션을 몰라서 그런 것이라고 생각한다. 가격이 비싸면 비쌀수록 고객은 이렇게 합리화하면서 지불한 가격에 더 많은 가치를 부여하는 경향이 생긴다. 한마디로 정리하면 '고객은 돈을 지불한 만큼 스스로 가치를 부여한다.'

이게 싼 거야, 비싼 거야?

2023년 4월 기준으로 넷플릭스의 스탠다드 요금은 월 13,500원이고, 최저 5,500원에서 최대 17,000원까지 분포한다. 수천 편의 영화와 드라마, 다큐멘터리, 예능 등을 마음껏 볼 수 있음을 생각할 때 싸다고 볼 수도 있고, 취향별로 보는 프로그램이나 실제 시청 시간이 한정되어 있음을 생각하면 비싸다고 볼 수도 있다.

하지만 만약 최신 영화나 미드를 보는 것을 좋아하는 고객이 넷플릭스 가입을 고민하고 있다면 이런 생각이 들 것이다. 일반관의 영화 관람료가 8,000원에서 13,000원으로 잡혀 있으니, 영화관에 가는 대신 넷플릭스에서만 공개되는 신작을 한 달에 한두 편만 봐도 손해 보는 가격은 아니겠구나, 하는 생각이다. 언제 어디서든 다양한 기기로 볼 수 있다는 것도 장점이 된다.

넷플릭스에서만 제공하는 오리지널 콘텐츠의 업데이트 주기를 보면, 그들이 이러한 고객의 생각과 기대를 충분히 고려하여 가격을 정하고 거기에 맞춰서 서비스를 제공하고 있다고 판단된다. 넷플릭스 이후 줄줄이 출시된 다른 OTT 서비스들에도 넷플릭스의 이용료가 기준점 중 하나가 되고 있을 것이다. 고객의 머릿속에 넷플릭스의 가격이 비교 기준선이 되었기 때문이다.

가격이 너무 싸서
사지 않는 것 같습니다

몇 년 전 한 스타트업을 멘토링할 때 있었던 일이다. 고객정보 보호 솔루션 서비스를 온라인으로 제공하는 곳으로, 지금도 꾸준히 성장하며 잘나가고 있는 유망한 업체다. 당시 이 업체는 신규 서비스를 매우 저렴한 가격으로 출시했다. 동일한 서비스를 오프라인으로 제공하던 기존 업체들에 비하여 불과 20~25% 수준이었다. 파격적인 가격을 생각하면 시장 전체 판을 뒤흔들 정도의 파급력이 있어야 했다. 그런데 예상보다 판매가 잘 이루어지지 않았다. 기대와 다른 결과에 대표는 컨설팅을 받고 싶어 했다.

내 첫마디는 이거였다. "가격이 너무 싸서 오히려 고객이 사지 않는 것 같습니다."

고객들의 머릿속에는 기존 서비스들의 적정 가격선이 이미 형성되어 있었다. 때문에 말도 안 되는 이 파격적인 가격이 오히려 이 솔루션 서비스가 제대로 된 것인가 하는 의심을 들게 만든다고 판단했다. 고객들이 온라인 서비스에 기대하는 저렴한 가격을 매기는 것은 좋지만, 제대로 된 서비스를 제공하면서도 밀착 관리해준다는 신뢰감을 주기 위해 기존 오프라인 업체들 가격의 50%에서 조금 더 높은 수준으로 올리는 게 좋겠다고 전했다. 얼마 뒤 대표로부터 너무 감사하다는 연락이 왔다. 가격을 두 배 이상 올렸더니 오히려 판매량이 급증해 매출과 수익이 드라마틱하게 올라갔다고 했다.

가격을 올려도
고객이 지갑을 열까?

과거 '슬직살롱'이라는 이름으로 일반 성인을 대상으로 하는 오프라인 유료 강연과 커뮤니티 프로그램을 기획해서 실행한 적이 있다. 모든 준비를 마치고 참가자 모집을 시작해야 하는 시점이 오니 역시 가격을 정하는 일이 문제였다. 우선 유사한 프로그램들의 가격을 조사하고, 우리 원가와 비용 그리고 향후 기대되는 효과까지 고려해서 가격을 설정했다.

하지만 결국 그 당시 회사와 강사의 인지도가 낮다는 이유로 기존 유사 서비스보다 가격을 더 낮춰 잡았다. 프로그램 설계

당시만 해도 업계 최고가로 가자는 호기를 부렸는데, 모집 캠페인 출시일이 다가올수록 자신감은 온데간데없이 사라지고 점점 더 가격을 낮추게 됐다. 마침내 평일 저녁 강남에서 2시간 행사로 업계 중하급 수준인 25,000원에 오픈했다.

결과는 조기 마감이었다. 얼핏 대성공처럼 보이지만 결코 기뻐할 일이 아니었다. 이는 고객이 싸다고 인지하고 있다는 의미였다. 매출을 더 높일 기회를 날려버린 것이다. 또한 고객 스스로 부여한 낮은 가치만큼 본 행사 역시 가치를 낮춰 보고 있을 가능성이 높았다. 결국 슬픈 예감 그대로 행사 당일에는 많은 노쇼가 발생했다. 그래서 이후에는 시즌을 나눠 점점 가격을 올렸다. 다음 시즌에는 30,000원, 마지막에는 45,000원까지 올렸다. 그 결과 마감 속도는 평균적으로 늦어졌지만, 매출과 수익은 극대화되고 노쇼 역시 급격히 줄어들었다.

싸다고 고객이 무조건
좋아하는 것은 아니다

가격이 싸면 고객들은 환호한다. 그렇다고 고객들이 무조건 값싼 상품과 서비스를 원한다는 의미는 아니다. 오히려 너무 싸면 의심한다. 고객은 생각하고 기대한 가치보다 조금 더 싸면 좋아한다.

가격 책정은 그야말로 고객과 밀고 당기는 심리전이다. 무조건 싸고 좋은 것을 만드는 게 최고라는 생각으로 사업을 하거나 마케팅을 하면 망한다. 고객이 스스로 지갑을 열고 가치를 부여할 수 있는 기준을 정해주고 거기에 맞는 가치를 제공해줘야 한다. 그렇게 하면 가격을 올리고도 더 많이 팔아서 매출과 수익을 높이는 것도 불가능하지 않다.

가격 전략과 가격에 대한 고객의 심리

1. 가격 전략은 제품과 서비스 출시 전에 고민하는 경우가 많지만, 실제로는 처음부터 함께 고민해야 할 정도로 중요하다.
2. 고객은 단순히 '싸다/비싸다' 기준으로 구매를 결정하지 않는다. 생각한 것보다 가격이 싸고, 기대한 것보다 상품과 서비스가 좋으면 만족한다.
3. 고객은 자신이 지불한 돈만큼 제품과 서비스에 가치를 부여하는 경향이 있다.
4. 가격 전략은 고객의 생각과 기대를 어떻게 관리하느냐가 핵심이다.

4. 멀티 타깃으로 제품과 서비스 만들기

타깃은 반드시 하나로 집중해야 할까?

요즘 레트로 열풍이 정점이다. 1970년대에 태어난 X세대와 1980년대 초반에 태어난 전기 밀레니얼 세대들이 10대와 20대를 보냈던 90년대가 다시 2020년대에 화려하게 부활했다. 한창 핫한 곳들을 다니다 보면 길거리 분위기와 젊은이들 옷차림이 현재가 20세기인지 21세기인지 헷갈릴 정도다.

트로트 열풍도 거세다. 가요계가 아이돌 문화를 중심으로 재편되면서 소외되었던 트로트가 다시 안방극장을 장악하기 시작했다. 그런데 이제는 50대 이상의 높은 연령층만 즐기는 것이 아니라 젊은이들조차 그 매력에 빠져 있다. 그 모습을 보고 있자면 트로트도 특정 세대의 전유물을 벗어나 있구나, 하는 생각이 든다.

타깃팅은 누구를 대상으로 내 제품과 서비스를 만들어서 파느냐에 대한 이야기다. '어느 시장, 어떤 고객을 공략하느냐'는 제품과 서비스의 기획 단계부터 철저히 고민하고 설계해야 한다. 타깃팅을 할 때는 하나의 균질한 속성을 가진 집단을 목표로 잡는 것이 일반적이다. 그래야 고객이 가진 욕구와 문제를 보다 깊숙이 파악해서 정말로 고객이 원하는 제품과 서비스를 만들어내고 시장에 성공적으로 파고들 가능성이 높아지기 때문이다.

하지만 요즘 트렌드를 보면 꼭 그런 것 같지도 않다. 레트로나 트로트 열풍처럼 인구통계학적으로나 라이프스타일 측면에서 접근했을 때 유사성이 떨어지는 고객들이 동일한 트렌드를 동시에 소비하는 경향이 발견된다. 물론 유행은 돌고 돈다고 하지만, 요즘처럼 체감하게 되는 시기도 없었던 듯하다.

타깃팅은 반드시 하나의 시장과 고객을 향해야 하는가? 자, 이번에 상식을 뒤집어볼 주제는 바로 '타깃팅'이다.

지금까지 타깃팅은
어떻게 해왔는가?

타깃팅은 마케팅 STP(Segmentation, Targeting, Positioning) 중 두 번째에 위치한다. 먼저 간단하게 STP에 대해 이야기해보자. 내 상품과 서비스가 들어갈 만한 시장을 크게 정의하고 그 시장을 내가 공략하기에 유리한 특정 기준으로 잘게 쪼

개는 것이 세그멘테이션(Segmentation)이다. 쪼개진 시장 중 가장 효과가 있을 것이라 보는 시장을 선정하는 것이 타깃팅(Targeting)이며, 표적화된 시장에서 고객들의 머릿속에 있는 경쟁자들까지 포함해서 내 상품과 서비스를 어떤 차별적인 요소로 인식시킬지를 결정하는 것이 포지셔닝(Positioning)이다. STP의 세그멘테이션과 타깃팅, 포지셔닝은 순차적으로 이루어진다.

일련의 과정으로 인해 타깃팅 단계에서는 일반적으로 공략할 시장을 하나만 특정한다. 상식적으로 생각해도 마케팅 자원이 한정적인 상황에서 여러 시장을 동시에 공략하는 것은 비효율적이다. 여러 시장에 다른 메시지를 던졌을 경우 상품과 서비스에 혼선을 줄 위험도 높다. 따라서 하나의 시장을 정해 해당 시장에서 성공한 후, 인접 시장으로 점차 확대해나가는 것이 일반적인 전략이다.

조건만 맞으면
복수의 타깃팅도 가능하다

그렇지만 제품과 서비스에 대한 욕구는 여러 고객에게서 동시에 발생할 수 있다. 조금 더 정확하게 이야기하면 전혀 다른 속성을 가진 고객군과 시장이 동시에 내 제품과 서비스를 필요로 할 수 있다. 앞서 이야기한 트로트를 예시로 들어보자.

트로트는 과거를 추억하는 중·장년층과, 새롭고 색다른 문화를 접하고 싶었던 10대와 20대가 동시에 즐길 수 있는 트렌드였다. 그 결과 현재의 트로트는 두 연령층이 서로 영향을 받으면서 진화시키고 만들어간 트렌드가 되었다. 젊은이들은 트로트를 직접 소비하는 소비 주체 중 일부가 됐고, 중·장년층은 트로트에 접목된 아이돌 문화를 새로운 소비 형태로 받아들이게 됐다.

이렇게 제품과 서비스에 대한 고객 욕구가 동시에 여러 곳에서 발생할 가능성이 있다면 복수의 타깃팅을 고려해볼 수 있다. 물론 각 고객이 속한 시장이 어느 정도 수익이 기대되는 사이즈를 갖고 있으며, 내가 가진 한정적인 마케팅 자원으로 동시 공략을 진행할 수 있을 때의 이야기다. 다만 사이즈는 나오는데 자원이 모자라다면, 메인 타깃과 서브 타깃으로 구분하거나 순차적으로 공략해나가면 된다.

복수의 타깃팅을 실행할 수 있다면 우선 시장을 분석해야 한다. 각 시장이 서로 겹치지 않는 전혀 다른 시장인지, 혹은 각 시장 사이의 연관성이 높은 시장인지에 따라 다르게 접근해야 한다. 트로트의 경우는 전자에 해당할 것이다. 후자는 다른 예시로 이어서 설명하겠다.

타깃 간의 연결고리를 파악하자

동일한 욕구를 지닌 서로 다른 고객과 시장이 어떤 연결고리로 묶여서 연관성이 높은 경우, 그 고리를 활용해 복수의 타깃팅을 진행하여 마케팅 효과와 매출을 극대화할 수 있다.

화장품은 아름다워지고 싶다는 욕망과 판타지를 투영하는 상품이다. 이 시장은 여성 고객이 절대적인 힘을 발휘한다. 아름다워지려는 욕망이 여성들만의 것이라고 말하는 것이 아니라 철저히 시장의 시각으로만 이야기하는 것이다.

색조화장품은 화장품 중에서도 고객들에게 즉각적인 아름다움을 선사하기 때문에 욕구 충족이 빠르다. 물론 요즘은 바르면 곧바로 주름이 펴지는 리프팅 제품들도 인기지만, 여전히 팩트(Pact)가 대세이자 색조화장의 기본이다.

홈쇼핑 판매채널을 중심으로 수년 동안 기록적인 판매량을 매번 갱신하면서 압도적인 신뢰를 바탕으로 지속적인 재구매가 발생하는 상품이 있다. 일명 '모녀팩트'라 불리우는 ○○○○ 팩트다. 광고에 출연한 여배우의 이름을 따서 '○○○ 팩트'라는 별칭을 갖고 있기도 하다. 그동안 수많은 팩트들이 모녀팩트의 아성에 도전했지만 그리 오래가지 못했다.

흥미로운 사실은 이 팩트의 전속모델인 배우 '○○○'가 대부분의 광고를 도맡고 있지만 그녀는 이 화장품 브랜드 라인 이미지 빌딩만을 담당할 뿐이라는 점이다. 실제 마케팅 커뮤니케이션과 판매에서는 모녀팩트가 이끌어가고 있다. 과연 이 제품이 가진 저력의 근원은 무엇일까?

별칭인 '모녀팩트'라는 단어에서 곧바로 느낌이 올 것이다. 맞다. 이 팩트는 중·장년 이후의 어머니와 20대 무렵의 딸을 동시에 공략하는 방법을 쓰고 있다. 사실 이 제품의 출시 초기에는 나이를 잊은 듯한 중년 여배우를 앞세워서 젊고 아름다워 보이기 위한 팩트로 포지셔닝하고 중·장년 여성을 타깃팅했다. 오죽하면 팩트 이름에 '20대'를 넣어 암묵적으로 20대 피부처럼 보이게 만드는 팩트라고 했을까.

팩트가 대박을 치고 시간이 흐르면서 대표모델인 여배우의 딸도 성인이 되었는데, 이들은 모녀라기보다는 조금 과장하면 나이 차이 조금 많이 나는 자매처럼 보였다. 무엇보다도 여성들의 아름다움에 대한 동경과 깨끗하고 자연스러운 피부에 대한 욕망은 나이에 상관없이 똑같았다. 이를 캐치한 업체는 본격적으로 '모녀팩트'라는 이름을 앞세우기 시작했다.

모녀팩트라는 콘셉트는 혼자 쓰기에 부담스러운 가격과 용량을 가정 내 두 명이 나눠 쓸 수 있게 함으로써 구입 장벽을 확연히 낮추는 효과도 있었다. 결국 모녀팩트는 어머니가 사서 딸과 함께 쓰거나, 딸이 사서 어머니와 나눠 쓰게 함으로써 4050 여성과 2030 여성을 동시에 타깃팅했다.

유사한 사례가 또 하나 있다. 바로 디즈니 영화다. 디즈니는 여러 가지 형태로 복수의 타깃팅을 자유자재로 구사하는데, 이 가운데 동화를 기반으로 한 디즈니 영화를 살펴보자.

디즈니는 전통적으로 동화를 기반으로 하여 가족 고객을 대상으로 하는 애니메이션과 실사 영화를 꾸준히 만들어 내놓고 있다. 최근에만 해도 애니메이션으로는 〈겨울왕국〉 시리즈, 실사로는 〈정글북〉, 〈미녀와 야수〉, 〈알라딘〉, 〈라이온 킹〉 등이 매해 꾸준히 쏟아져 나왔다.

이 가운데 〈미녀와 야수〉, 〈알라딘〉, 〈라이온 킹〉은 90년대 디즈니 제2의 황금기를 수놓은 작품들이다. 80년대 말 〈인어공주〉를 필두로 디즈니 극장용 애니메이션들이 매해 평균 한 편씩 나와서 엄청난 흥행을 이어갔는데, 바로 그 시절 만화로 나왔던 작품들이 2010년대부터 실사영화로 만들어져 나오고 있다.

새롭게 실사화된 디즈니 영화들은 80년대 말~90년대에 디즈니 애니메이션을 보고 자라난 현재 중·장년 세대에게는 추억을 불러일으키고, 유·아동과 청소년 및 20대에게는 새로운 영화로 다가간다. 특히 중·장년의 경우 결혼을 하고 한창 아이가 커가는 시점인데, 디즈니 영화는 한 편의 영화로 '가족 관객', 즉 중·장년과 그들의 아이들 모두를 만족시켜줄 수 있다. 복수의 타깃팅으로 다가가니 당연히 흥행 확률도 높고 더 많은 돈을 끌어모은다.

복수의 타깃팅을 잘 활용하면
더 많은 돈을 벌 수 있다

타깃을 복수로 잡는 것은 일반적인 접근법은 아니다. 하지만 트렌드가 돌고 돌면서 여러 고객층 사이에 겹쳐 위치하게 되거나, 하나의 상품과 서비스로 여러 시장과 고객군에게 만족감을 제공할 수 있는 경우가 생기기도 한다. 이때 복수의 타깃팅을 적용하면 매출과 수익 면에서 훨씬 나은 결과를 얻을 수 있다. 타깃팅에서도 이처럼 사고의 전환이 필요하다.

멀티 타깃팅을 통한 매출 극대화

1. 타깃팅은 어떤 시장과 고객을 공략할 것인지 결정하는 것으로 사업과 마케팅의 시장 진입 전략에서 가장 중요하다.

2. 하나의 타깃을 설정하는 것이 일반적이지만, 상황과 전략에 따라 두 개 이상의 타깃을 동시에 설정할 수 있다.

3. 다른 타깃들이 동일한 니즈와 욕구를 가지고 있을 때, 혹은 각기 다른 니즈와 욕구를 갖고 있지만 동일한 제품과 서비스로 만족시켜줄 수 있을 때 복수의 타깃을 동시에 공략할 수 있다.

II

시야를 넓혀라

잎을 보기 전에 나무를 보고, 나무를 보기 전에 숲을 보고, 숲을 보기 전에 산을 봐야만 현상을 정확하게 판단하고 생각을 정리할 수 있다. 시장과 고객을 이해하고 고객의 행동을 예측하기 위해서는 큰 그림을 볼 줄 아는 능력을 쌓아야 한다. 고객은 주로 개인으로서 움직이지만, 그렇다고 철저히 독립적으로 생각하고 행동하지는 않기 때문이다. 대부분은 의식적으로든 무의식적으로든 큰 흐름 안에서 생각하고 행동하는 경향이 있다.

마케팅에서는 그 큰 흐름을 보통 트렌드라고 이야기한다. 트렌드가 무엇인지 유행과 비교해서 알아보고, 트렌드를 예측할 수 있는 방법 중 하나로 사람들의 감정과 심리가 모여 새로운 트렌드가 생겨나는 과정을 보도록 하자. 그렇게 트렌드를 예측한 다음, 예측한 트렌드를 어떻게 사업과 일에 반영할 수 있을지 사례로 익혀보도록 하자.

4장
트렌드
예측하기

사업을 하기 위해서 트렌드 예측은 매우 중요하다. 마케팅 담당자뿐만 아니라 주요 의사결정을 책임지는 리더라면 사업 방향성 설정, 제품 개발, 마케팅 전략 수립을 위해 깊은 관심을 가져야만 한다. 조직을 이끄는 인사이트의 시작점이 변화하는 트렌드를 미리 짚어내는 것에 있기 때문이다.

싸움의 정석 중 하나는 무엇인가? 바로 '선빵'이다. 먼저 주먹이나 발을 날려서 상대방에게 강력한 일격을 가해야 싸움에서 이길 수 있다는 의미다. 그렇다. 남들보다 '먼저' 트렌드를 예측하고, 트렌드에 맞춰 사업 방향성을 설정하고, 제품과 서비스를 개발해서 내놓는 것은 사업의 존속과 성장을 위한 강력한 방법 중 하나다.

단 누구나 쉽게 말할 수 있거나, 매해 연말이면 나오는 트렌드 예측 도서에 나오는 수준의 두루뭉술한 이야기는 별로 도움이 되지 않는다. 자신이 하고 있는 사업이나 일과 연계해서 매우 구체적이어야 하고, 누구나 들었을 때 논리적으로 설득될 수 있는 수준이어야만 한다.

돈이 많다면, 크고 추상적인 계획을 잡아도 맞출 수 있다. 하지만 실제로 사업이나 회사 경영 혹은 업무를 하면 항상 돈이 모자란다. 따라서 중요도에 따라 우선순위를 정해서 가지고 있는 자금을 효과적으로 써야만 한다. 트렌드를 구체적으로 예상하는 행위는, 말하자면 기관총 난사가 아니라 스나이퍼의 조준사격이다. 제약된 돈과 자원의 한계를 극복하기 위해 제품과 서비스를 누구에게 팔지 고객을 명확하고 좁게 타깃팅해서 가장 성공확률이 높은 몇몇에 집중하는 것이다.

1. 유행은 트렌드가 아니지만, 트렌드는 유행이다

트렌드 예측 도서가 도움이 될까?

대기업과 중견기업, 스타트업을 대상으로 마케팅과 사업 멘토링이나 컨설팅, 교육을 진행할 때 자주 하는 말이 있다. "트렌드 예측 도서나 콘텐츠에 큰 의미를 두지 말라."

트렌드 파악이 중요하고 필요하다고 말하고서 이게 무슨 헛소리냐 싶겠지만, 자신의 사업이나 일과 밀접하게 붙여서 구체화되지 않은 트렌드는 그저 많이 아는 듯한 착각만 줄 가능성이 높다. 잘 알지 못하면서 잘 아는 것으로 착각하는 행위만큼 위험한 일은 없다.

무엇보다도 트렌드 예측이라고 내놓은 이야기들을 살펴보면, 대부분 이미 발생해서 결과까지 나온 현상을 보기 좋게 정리한 것에 가깝다. 한마디로 '결과론적 해석'이다. 트렌드는 미래에 대한 이야기이기 때문에 대부분 명확한 결과가 나와 있을 수 없다. 다만 작은 변화의 실마리들과 그 결과를 통해 불확실한 미래를 이야기하는 것이 트렌드다. 트렌드는 결과론적 해석이 아니라 내 관점이 담긴 '예측'이자 인사이트의 바탕이라는 점을 잊으면 안 된다.

책이나 콘텐츠에 나오는 트렌드라면 이미 우리의 경쟁사를 포함해 수많은 기업과 사람들도 알고 있다는 의미다. 수만 권 팔린 트렌드 책이나 조회수 수천 회를 찍은 트렌드 글은 그 숫자만큼의 사람들이 이미 읽고 생각해보았다. 그 가운데 일부는 이를 활용해서 어떻게 할지도 계획하고 실행하고 있을 것이다.

누구나 알고 있는 똑같은 정보는 정보로서 가치가 매우 떨어진다. 트렌드 예측 도서나 콘텐츠는 내 생각을 보다 구조적으로 머릿속에 분류하고 정리하기 위한 참고용으로는 활용할 수 있겠다. 하지만 거기에 나와 있는 내용 그대로 사업과 마케팅 트렌드를 이야기하는 것은, 냉정하게 말해서 사업과 일에 별로 도움이 되지 않는다.

유행과 트렌드는 무엇이 다른가?

유행과 트렌드는 같은 말처럼 보인다. 영어 'Trend'를 흔히 '유행'으로 해석하니 똑같은 의미 같다. 하지만 우리나라에서는 둘을 구분해서 이야기한다. 유행은 잠시 지나가는 일시적인 현상, 트렌드는 유행에서 시작하지만 중장기적으로 최소 수 년 동안 지속되는 일정한 현상이라고 보면 된다.

유행과 트렌드는 사업과 일에 있어서 각각의 의미가 있다. 유행은 단기적인 수익 극대화에 도움이 된다. 유행에 편승한 제품과 서비스를 내놓거나, 유행을 마케팅 커뮤니케이션에 활용할 수 있다. 제품과 서비스 개발에 시간이 소요되지만, 유행에 맞춰서 내놓을 수만 있다면 수많은 사람들이 관심을 갖고 있으므로 대중의 시선을 끌 수 있다. 당연히 판매로 이어질 확률도 매우 높다. 하지만 길어야 수개월에서 1년여에 불과하다 보니 그야말로 치고 빠지는 속도전을 펼쳐야만 한다. 시장에 급속히 진입하다 보니 본질적인 경쟁력을 갖추기 어려워서 오랫동안 수익을 기대하기도 어렵다.

반면에 트렌드는 기회를 잘 활용하면 장기적인 이익을 확보할 수 있다. 사업의 기본 중 하나는 지속적인 성장인데, 트렌드는 유행과 달리 적어도 몇 년 동안 지속되기 때문에 트렌드를 제대로 타면 사업에 큰 도움이 된다. 트렌드에 맞춰 제품과 서비스를 개발하고 내놓는 일이 반복되면 사업의 근본적인 경쟁력 확보도 동시에 이룰 수 있게 된다. 사업 유지나 성장 관점에서 유행보다 트렌드가 더 중요한 이유다.

어떤 유행이 트렌드가 되는가?

트렌드를 알기 위해서는 먼저 유행의 특성을 파악할 필요가 있다. 유행이 트렌드의 시작점이기 때문이다. 유행이란 뭘까? 그리고 그 많은 유행 중 무엇이 트렌드가 될까?

유행은 휘발성이 있다. '특정한 사람(고객)이 특정한 시기에 특정한 주제에 갑작스러운 관심이 몰리는 것'이 유행이다. 동시에 그 주제와 연관이 높은 제품과 서비스에도 관심이 몰린다. 그리고 사람(고객)들은 유행을 따르고 있다는 사실만으로도 일시적인 재미와 안정된 소속감을 느낀다. 그러다가 일정한 기간이 지나면 관심이 급격히 사라진다.

트렌드는 이 지점에서 다른 행보를 보인다. 관심이 사라지는 대신 사람들의 일상적인 관심사 중 하나로 변화한다. 그 차이를 한마디로 이야기하면, 유행은 질리는 대상이고 트렌드는 질리지 않는 대상이다.

몇 년 전에 구하기가 하늘의 별따기 정도로 어려웠던 라면이 하나 있다. 바로 꼬꼬면이다. 당시 여러 언론이 수십 년 동안 이어진 빨간 국물 라면의 대세를 흰 국물 라면이 바꾸고 있다면서 시끄럽게 떠들었다. 하지만 지금은 어떠한가? 꼬꼬면을 필두로 한 흰색 국물 라면들은 매대 구석에 놓여 있는 그 저 그런 라면 중 하나가 되었고, 다시 빨간 국물 라면이 대세 가 되었다. 비슷한 예로 대왕 카스텔라와 흑당버블티가 있다. 한때 길거리 여기저기서 흔하게 볼 수 있었고, 안 먹어봤다면 대화에 끼기도 어려울 정도였다. 그런데 지금은 어떠한가?

유행과 트렌드의 차이점과 활용

1. 유행과 트렌드는 지속성에 따라 구분된다. 짧으면 유행, 길면 트렌드다.

2. 유행은 단기적인 효과를 내기 위해 활용하고, 트렌드는 장기적인 수익 확보를 위해 활용한다.

3. 유행이 트렌드로 발전하는지 여부는 '고객이 언제 질리느냐'에 달려 있다.

2. 트렌드는 고객과 반대로 움직인다

디즈니는 어떻게 트렌드 예측에 성공했을까?

중장기적인 트렌드를 예측하는 것도, 하다못해 단기적인 유행을 예측하는 것도 사실상 불가능에 가깝다. 트렌드를 예측하는 방법을 알려주겠다 말하고 이게 무슨 헛소리인가 싶을 것이다. 하지만 이것은 진실이다. 미래를 정확하게 예측한다는 것은 신내림을 받은 점쟁이가 아니고서는 불가능하다.

대신 우리가 고민해봐야 할 부분은 미래를 '예상'하는 것이다. 과거에 벌어졌고 현재 벌어지고 있는 각종 실마리를 근거로 시간축에 넣어 연결해보고, 그 선을 미래로 그었을 때 어떻게 될지를 논리적으로 떠올려보자는 의미다.

몇몇 사례를 통해 어떻게 트렌드가 형성되는지, 그리고 트렌드를 어떻게 예측하는지를 알아보자. 많은 사람들에게 친숙한 영화를 예로 들어보도록 하겠다.

상업영화는 영화 개봉과 동시에 흥행 여부가 결판난다. 특히 거대한 블록버스터 영화는 제작비와 마케팅 비용이 엄청나기 때문에 반드시 흥행에 성공해야만 하고, 그렇다 보니 트렌드에 매우 민감하다. 하지만 영화 제작 특성상 한 편의 영화가 나오기까지는 수년이 걸린다. 흥행을 위해서는 트렌드를 반영해야 하는데, 제작은 수년이 걸리니 트렌드를 미리 예측해서 움직이는 수밖에 없다. 마케팅 난이도로 보면 끝판왕이라고 할 수 있다.

마케팅 잘하기로 유명한 디즈니의 영화들을 살펴보자. 디즈니는 80년대 말 〈인어공주〉를 시작으로 90년대 〈미녀와 야수〉, 〈알라딘〉, 〈라이온 킹〉 라인업으로 창사 이래 두 번째 전성기를 맞이했다. 사람이 한 땀 한 땀 정성 들여 그린 2D 애니메이션들을 영화관에 대거 올렸는데, 그야말로 개봉할 때마다 돈을 쓸어 모을 정도로 승승장구했다.

이때 디즈니의 성공 포인트는 애니메이션은 유·아동용이라는 편견을 깨고 성인들에게도 어필할 수 있는 스토리라인과 화려한 영상, 귀에 꽂히는 뮤지컬 넘버로 애니메이션을 업그레이드했다는 점에 있다. 그 노력의 성과로 디즈니 작품들은 애니메이션 역사상 처음으로 아카데미 본상에 후보로 오르며 흥행뿐 아니라 작품성도 인정받게 되었다.

당시 이 영화를 관람한 성인들은 어떤 사람들이었을까? 바로 베이비붐 세대부터 X세대까지 TV로 애니메이션을 보고 자라난 사람들이다. TV로 익숙한 만화영화와 만화 시리즈를 영화관에 걸맞게 업그레이드했다? 그들이 작품을 보러 영화관으로 달려갈 것이라는 점은 충분히 예측할 수 있다.

그러나 디즈니에 제2의 전성기가 온 지 딱 10년, 2D 애니메이션 열기는 급속히 식어갔다. 트렌드가 된 2D 애니메이션도 지속적으로 노출되자 관객들이 지루함을 내비치기 시작한 것이다. 이때 디즈니는 놀라운 선택을 했다. 80년대에 벌써 CG와 3D 애니메이션의 가능성을 보고 픽사를 전격 지원한 것이다. 80년대 말부터 90년대까지 그 가능성과 상업적 힘을 테스트해온 CG, 3D 애니메이션은 이후 〈토이 스토리〉 시리즈, 〈라따뚜이〉, 〈월-E〉 등의 작품으로 2D 애니메이션을 대체하며 픽사의 성공을, 실제로는 뒤에서 웃고 있던 디즈니의 또 다른 성공을 가져왔다.

디즈니가 트렌드를 예측할 수 있었던 근거는 무엇일까? 디즈니는 관객들이 2D 애니메이션의 따스한 감성과 동화책 같은 분위기에 익숙해질수록 점차 현실에 가까운 리얼한 분위기를 원하게 될 것을 예상했다. 이 새로운 니즈를 충족시켜줄 수 있는 것은 CG, 3D 애니메이션이었다. 디즈니의 픽사 지원, 그리고 2006년에 이루어진 인수합병은 트렌드를 예측한 최고의 선택이었다.

좋다! 그다음은 어떻게 되었을까? 또다시 10년쯤 지나자 관객은 당연히 CG와 3D 애니메이션에 익숙해지고 질려 하기 시작했다. 이번에 디즈니가 꺼내 든 카드는 리얼함을 입은 실사 영화이면서도 내용과 분위기는 애니메이션보다 더 애니메이션 같은 영화였다.

여기서 디즈니는 트렌드 변화 예측에 더해 이를 고객 변화에 맞추는 작업을 실시한다. 앞서 말한 바와 같이 실사 영화 작품으로 〈미녀와 야수〉, 〈알라딘〉, 〈라이온 킹〉 등 90년대 2D 애니메이션 라인업을 줄줄이 소환한 것이다. 1990년대에 영화관에서 디즈니 애니메이션을 본 관객들은 20여 년이 지나자 대부분 가정을 이룬 중·장년층이 되었다. 이들의 추억을 되살리는 동시에, 가족영화로서 원래 타깃인 유·아동 신규 관객까지 두 고객층을 동시에 공략한 것이다. 복수의 타깃팅에 성공 확률과 흥행 규모는 높아질 수밖에 없었다.

또 다음은 어떻게 될까? 디즈니는 새로운 트렌드에 대한 실험을 이전 트렌드가 한창 유행일 때 시도해보는 성향이 있다. 조심스럽게 예측해보자면 지금 진행 중인 2D 애니메이션 실사화 프로젝트와는 별개로 CG와 3D를 사용하지만 2D 감성이 묻어나는 애니메이션들을 실험하지 않을까 싶다. 21세기의 가치관과 3D 기술로 1990년대 2D의 감성과 따스한 분위기를 되살려내는 것이다. 〈겨울왕국〉이 그 대표적인 예다.

트렌드를 예측하는 원리는 무엇일까?

트렌드 변화의 시작점은 유행과 같다. 사람들이 질리기 시작하면 변화의 실마리가 나오기 시작하고, 한계점에 이르면 급격히 변화한다.

트렌드의 방향성은 지금의 반대 방향, 형태는 새로운 프레임이다. 사람들이 질리기 시작하면 그 부분의 문제점을 해결하는 정반대 방향의 그 무엇이 나온다. 여기에 새로운 프레임이 더해진다. 단순히 정반대 방향에 있는 과거의 재현이 아니라, 거기에 흘러간 시간에 걸맞은 그 무언가가 더해져 과거와 조금은 다른 형태로 나타난다.

사업적 활용 측면에서 보면 반대 방향을 예상해보고, 거기에 어떤 새로운 프레임을 씌울 것인가로 정리할 수 있다. 이러한 원리로 트렌드를 예측하는 동시에 트렌드를 리딩할 수 있다. 한마디로 정리하자면 정–반–합의 원리다.

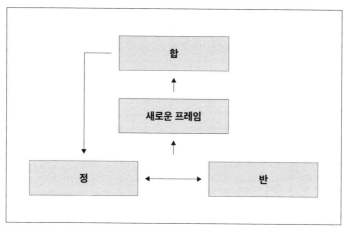

트렌드 예측의 원리

여기에서 잊지 말아야 할 것이 거시적 관점의 변화다. 기술, 경제, 사람 등 큰 흐름에서 보이는 특성은 고스란히 트렌드에 반영되기 마련이다. 이 부분을 놓치면 트렌드의 방향을 헛짚을 가능성이 높아진다. 90년대 아케이드 오락실 게임이 현재로 복귀하면서 VR이나 AR 게임까지 확장된 것을 떠올려본다면 곧바로 이해할 수 있을 것이다.

트렌드가 변화하는 신호는 무엇일까?

트렌드를 남들보다 먼저 예측하고 선점해서 사업적으로 활용하기 위해서는 '조짐과 실마리'에 항상 민감해야 한다. 지

진이나 해일이 갑자기 오지 않듯이 트렌드도 미리 신호를 준다. 그러니 앞서 언급한 내용을 다시 이렇게 정리해볼 수 있다.

- 거시적 관점에서의 조짐을 보고 그럴 수밖에 없는 흐름의 맥락과 이유를 찾아 확인해본다.
- 미시적 관점에서의 조짐을 보고 예상치 못했던 작은 변화에서 오는 흐름의 숨겨진 이유를 확인해본다.
- 이 모든 과정은 현상과 논리적 추론으로 이루어진다.

이렇게 하면 트렌드 예측의 정확도를 높일 수 있다. 소위 마케팅 잘한다는 기업들의 마켓 인사이트, 마켓 인텔리전스 부서 전문가들이 하는 일이 이것이다. 나 역시 직장인 시절 이러한 훈련을 받았다.

트렌드는 거시적·미시적 조짐들의 복합적인 작용으로 나온다. 무엇보다도 중요한 것은 조짐이 일상 및 시장과 고객에서 시작된다는 점이다. 그리고 이미 결과가 나와서 남들이 논의하기 시작한 현상을 분석하는 것은 트렌드 예측에 큰 도움이 되지 않는다. 산업과 시장, 일상까지 주위를 면밀히 관찰하는 것이 트렌드를 직접 예측하고 인사이트를 얻는 출발점임을 잊지 않았으면 한다.

트렌드 예측과 사업 및 마케팅에서의 활용

1. 트렌드의 시작점은 유행이며, 기존 트렌드의 반대 방향에서 새로운 프레임으로 형성된다.

2. 트렌드는 주위에서 벌어지는 각종 조짐을 실마리로 하여 맥락적 의미와 이유를 찾아가면서 예측할 수 있다.

3. 예측한 트렌드의 움직임에 맞춰 선제적으로 제품과 서비스를 제공하면 사업과 마케팅의 성공확률을 높일 수 있다.

5장
트렌드
해석하기

트렌드를 예측할 수 있게 되었다면 이제는 트렌드를 해석해서 사업이나 일에 적용할 지점을 찾아내야 한다. 단순히 트렌드를 예측하고 끝난다면 의미가 없다. 해석한 트렌드가 사업 기회나 신제품 및 신규 서비스 개발 기회로 더 나아가야 의미가 생긴다.

최근 이슈가 되고 있는 주요 키워드들로 트렌드를 해석해보고, 이를 사업적으로 연결시켜서 생각하는 방법을 살펴보도록 하자. 사업이나 마케팅 전략을 세울 때 주로 살펴보는 기술 변화 트렌드, 소비 변화 트렌드, 고객 행동 변화 트렌드, 이렇게 크게 세 가지로 나눠서 케이스 스터디를 해보도록 하겠다.

1. 기술 변화 트렌드 케이스 스터디

예측한 트렌드를 어떻게 사업과 일에 반영할 수 있을지 최근 기술 변화의 핫 키워드 몇 가지를 예로 들어 풀어보려고 한다. 첫 번째 케이스는 CF를 비롯해 온라인뿐 아니라 오프라인 매장의 키오스크까지 진출하고 있는 가상인간과 AI 휴먼이고, 두 번째 케이스는 코로나 이후 급속도로 화두가 된 메타버스다.

첫 번째: 기술로 가상인간을 구현할 수 있을까?

가상인간, AI 휴먼은
아직 이르다.

요즘 가상인간, AI 휴먼이 유행이다. 가상인간이 실제 인간을 대체해서 SNS뿐 아니라 CF까지 진출했고, AI 휴먼도 은행과 교육 서비스를 비롯해 여러 분야에 진출하고 있다. 관련 기술을 가진 스타트업들이 적극적으로 시장을 만들어가고 있는 상황이다. 하지만 이는 중장기적인 변화를 가져오는 트렌드라기보다는 일시적인 유행이 될 가능성이 높다. 애초에 인간의 잠재된 본능과 본성을 무시하고 나온 기술이자 서비스이기 때문이다.

이 기술을 활용하고자 하는 B2B 또는 B2B2C 고객부터 이 기술로 구현된 서비스를 경험하고 이용할 고객까지, 양쪽 모두를 생각해봐도 그 쓰임새가 한정적이다. 관련 기업이나 스타트업들이 IR에서 말하는 주장과 달리 적어도 앞으로 수년 동안 시장의 크기는 그들이 이야기하는 것보다 훨씬 작을 것이다. 제한적인 영역에서 자리를 잡아갈 것으로는 보이지만, 큰 시장을 형성하면서 주류로 진입하기까지는 아직도 갈 길이 멀어 보인다.

인간의 조건

가상인간과 AI 휴먼이 아직은 시기상조라고 생각하는 이유는 아주 간단하다. 흔히 이야기하는 '실제 사람과 비슷하지 않아서', '사람과 무언가 묘하게 다른 느낌이 있어서', '사람을 대체한다는 사회적 거부감이 있어서', '비용 대비 충분한 상업성 확보가 쉽지 않아서'와 같은 이유 때문은 아니다. 이런 이유들도 분명 문제이기는 하지만 점차 극복할 수 있을 것이다. 지금까지의 기술 발전 속도로 본다면 메타버스나 로봇 대중화보다는 훨씬 더 빨리 해낼 수 있다고 본다. 그러나 정말 중요한 것은 그 부분이 아니다. 진짜 이야기가 필요한 부분은 이거다.

현재 가상인간, AI 휴먼이 지향하는 바를 보면 '얼마나 실제 인간과 비슷하게 보이는가?'에 더 방점이 찍혀 있다. 그렇지만 인간이 인간처럼 느껴지고, 사람들이 호감을 갖고 관계를 형성하고자 하는 매력을 갖게 만들어주는 요소는 단순히 외양에 국한되지 않는다.

인간은 각자 자기가 그동안 살아온 이야기가 더해짐으로써 인간답게 된다. 아니, 반드시 인간이 아니더라도 그런 이야기가 더해진 것은 생명체건 아니건 사람들이 마음을 열고 받아들인다. 이것이 '캐릭터'의 힘이다.

디즈니 픽사를 비롯해서 유명한 영화사나 게임사에서 만든 캐릭터들을 떠올려보자. 인간과 닮았건 닮지 않았건, 그들은 정말 어딘가에 살아 있는 듯한 착각을 주면서 다가온다. 각 캐릭터가 가지고 있는 이야기가 그들에게 생명력을 준다. 물론 여기에는 사람들이 기꺼이 받아들일 만한 정교한 세계관과 그 안에서 숨 쉬듯 생생히 살아 있는 정체성(Identity)이 필요하다.

그런데 요즘 등장하고 있는 가상인간, AI 휴먼은 이 부분이 매우 취약하다. 나름대로 자기만의 세계관과 프로필이 있고 거기에 맞춘 듯 행동하지만, 디테일이 한참 모자란다.

또 다른 이유도 있다. 가상인간이나 AI 휴먼의 대응 서비스에서 고객이 원하는 바는 진짜 사람이랑 비슷하게 생겼는지가 아니라 '얼마나 똑똑하게 사람처럼 응대하는가'다. 그런데 지금 나와 있는 서비스는 생긴 것만 멀쩡해 보이고 대응 수준은 형편없기 때문에 실소를 자아낸다.

그러면서 업체들이 휴먼이나 인간이라는 이름을 붙이는 오만함을 보고 있자면 어이가 없다. 테크를 한다면서, 기술이 먼저라면서 고객을 무시하고 계몽할 대상인 것처럼 상대한다. 고객에 대한 이해가 전혀 없는 상태에서 기술만 앞세워서 벌어지는 대참사다.

최근 경기가 어려워지며 투자가 주춤해지자 스타트업 바닥에 끼어 있는 거품이 하나둘 거둬지고 있다. 대체로 바이오, 메타버스, NFT 분야인데, 그다음이 AI로 보인다. 현재 업계에는 고객이 아니라 공급자 마인드의 서비스가 대부분이다.

아래는 넷플릭스 시리즈 중 〈러브, 데스 + 로봇〉 시즌 3, 「세대의 로봇」 중 한 장면에서 로봇들이 서로 나누는 대사다.

> "시스테딩(해상 구조물) 거주자들은 큰 실수를 하나 더 저
> 질렀어. 시스테딩을 지은 자들은 대부분 '기술장자'였지."
> "기술장자가 뭐야?"
> "백만장자와 비슷한 개념인데 사회성이 없고 후드티를 입
> 는 인간들이야."
> "전혀 도움이 안 돼."
> "기술장자도 마찬가지야."
> "그들은 기술만 있으면 생존할 줄 알고 시스테딩을 관리할
> 능력이 있는 인간들을 전부 내쳤어. 그 대신 모든 걸 가상
> 비서한테 맡겼지."

지금의 가상인간과 AI 휴먼 유행이 겹쳐서 크게 웃었다.

기술의 본질로
돌아가야 한다

가상인간, AI 휴먼의 대중화는 언젠가 이루어질 미래임은 분
명하지만, 인간을 완벽하게 대체하기에는 아직 부족하다. 이
질감과 거부감 없이 받아들여지면서 상업성까지 갖추기 위

해서는 적어도 10년 이상이 걸리지 않을까 싶다.

그사이에 사람을 대체한다는 생각보다는 사람을 돕고 보조하는 역할 혹은 제대로 기능할 수 있는 좁은 영역에서의 서비스로 접근한다면 어떨까? 미래뿐 아니라 당장 현재부터 고객들에게 그 쓰임새를 인정받고 보다 거부감 없이 받아들이게 될 것이다. 이를테면 인간의 형상을 하고 있지는 않지만 지속적인 커뮤니케이션을 통해 점진적으로 맥락이 담긴 대화와 정보 구성이 가능한 ChatGPT가 그 예라 할 수 있다.

기술 변화 트렌드를 보는 고객의 시각

1. 기술이 잠시 동안 고객의 호기심을 끌 수는 있다. 하지만 고객이 기술을 받아들이고 기꺼이 지갑을 열기 위해서는 궁극적으로 고객이 해결하고자 하는 문제를 해결해줘야 한다.
2. 고객은 기술 그 자체에는 관심이 없다. 기술이 구현해낸 제품과 서비스가 내 삶을 어떻게 좋은 방향으로 변화시킬 것인지에만 관심이 있다.
3. 기술을 위한 기술은 의미가 없다. 기술은 인간의 생활을 유용하게 만드는 수단일 뿐이다.

두 번째: 정말 메타버스 세상이 열릴까?

이제는 누구나
메타버스를 알고 있다

불과 몇 년 전까지만 해도 '메타버스(Metaverse)'라 하면 무슨 말인지 모르는 사람들이 대부분이었다. 하지만 지금은 어떤가? 정확하게 메타버스를 정의할 수 있는 사람들은 여전히 적을지 몰라도 피상적으로나마 메타버스를 알고 있는 사람이 많아졌다.

메타버스는 코로나로 인해 훨씬 더 가깝게 다가왔다. 코로나가 극단적으로 오프라인 활동을 제한해버리자 사람들은 생필품 구매, 은행 업무, 직장 사무 등을 온라인이나 모바일로 처리했다. 뿐만 아니라 사람들은 비대면·비접촉 상황에서 어떻게 타인과의 관계를 지속할지 고민하게 되었고, 이 또한 메타버스를 통해 실현하는 것으로 접근했다.

메타버스에 뛰어드는
기업과 사람들

2018년 스티븐 스필버그 감독의 〈레디 플레이어 원〉이라는 영화가 전 세계에 개봉됐다. 영화에서 가장 화제가 된 것은 '오아시스'라는 가상세계를 바탕으로 한 세계관이었다.

현재 가능하거나 가능할 것이라 예상하는 과학기술을 바탕으로 미래에 있음 직한 제품과 서비스들을 만들어 세계관과 배경을 만들어내는 것이 SF영화의 본분이다. 그런 면에서 SF 영화 〈레디 플레이어 원〉의 미덕은 아직 개념이 잡혀 있지 않고 사람들에게 친숙하지 않은 '메타버스'를 눈앞에 있음 직하게 만들어냈다는 점이다. 여전히 정확한 메타버스의 개념이 잡혀 있지는 않지만, 적어도 대중들이 생각하는 메타버스가 무엇인지를 이 영화는 제시했다.

메타버스 세상을 실제로 만들어내기 위한 개인과 기업들의 고민과 노력은 계속되고 있다. 이는 크게 메타버스로의 신체적·감각적 접점이 되는 하드웨어 부문과, 메타버스 속에서 활동할 수 있는 공간 및 서비스를 제공하는 소프트웨어 부문으로 나눌 수 있다. 코로나 이후 스타트업 붐까지 겹치면서 여러 기업과 개인들이 하드웨어나 소프트웨어 또는 두 가지 모두를 개발해 사업화하는 활동을 벌이고 있는데, 그야말로 대유행이라 할 만한 수준이다.

그들의 고민과 노력의 결과 이제는 메타버스를 활용해서 신입생 입학식이나 기업 또는 정부의 행사를 여는 것도 가능해졌고, 메타버스에서 박물관이나 미술관을 관람하거나 실제 가보지 않은 여행지를 경험하는 것도 가능해졌다. 메타버스 안에서 미팅을 하거나 교육을 받을 수도 있고, 친구를 만나 게임을 하며 놀기도 한다. 접속만 하면 모든 것이 연결되는 '오아시스'와는 달리 아직은 여러 가지 하드웨어와 소프트웨어가 제품별·서비스별로 분절되어 있지만, 메타버스가 실생활의 한 양식으로 자리 잡기 시작하면 하나둘 통합될 것이다. 그런데 그러면 곧 메타버스 세상이 열릴까?

메타버스 세상은 쉽게 빨리 오지는 못할 것이다

장밋빛 전망과 달리 메타버스 세상이 그렇게 빨리 열리기는 어려워 보인다. 지금의 메타버스 흐름도 트렌드보다는 유행에 가까운 것으로 판단되기 때문이다.

메타버스의 유행은 코로나 덕을 많이 봤다는 점에 모두가 동의할 것이다. 코로나로 덕을 본 또 다른 사업 영역이 무엇이 있는지 떠올려보자. 대표적인 것이 배달 어플과 배달 서비스 그리고 온라인과 모바일 쇼핑이다. 그런데 위드코로나가 자리 잡은 이후는 어떠한가? 대부분 고속 성장을 멈추었고, 이용률은 줄어들고 있으며, 매출이 감소해 생존을 걱정하는 기업들이 속출하고 있다. 메타버스 역시 이들과 마찬가지가 될 가능성이 높다. 위드코로나로 돌입하자마자 오프라인 현실 세계로 쏟아져 나오는 사람들을 보면 〈레디 플레이어 원〉과 같은 세상은 쉽게 오지 못할 듯하다.

메타버스 유행은 과거 20세기 말 ~ 21세기 초에 지금 메타버스의 시발점이 된 가상현실(Virtual Reality)이 이슈가 되었을 때와 무척이나 유사하다. 당시 지금의 〈레디 플레이어 원〉과 같은 역할을 한 영화가 SF 걸작 중 하나인 〈매트릭스〉다. 영화의 흥행과 함께 가상현실이 세간의 이목을 집중시켰고, 마치 세상을 바꿀 것처럼 엄청난 붐이 일어났다. 아직 주인이 없는 온라인 세상의 주도권을 잡기 위해 여러 개인과 기업들이 경쟁적으로 뛰어들었다.

결론적으로 그들은 모두 실패했다. 사람들이 계속 가상현실 세계에 있어야 하는 이유를 만들어내지 못했기 때문이다. 가상현실이 더 편하고 즐거운 부분도 있었지만, 결국 현실세계를 대체하거나 넘어서지는 못했기 때문에 사람들은 하나둘 떠나기 시작했다.

지금의 메타버스를 유행으로 판단하는 이유 역시, 왜 사람들이 메타버스에 들어가고 활동해야 하는지 그 필연적인 이유를 누구도 찾지 못했기 때문이다. 오죽하면 메타버스가 대세가 되는 건 영화처럼 현실세계에 디스토피아가 펼쳐져 온라인과 모바일 세계로 도피해야만 할 때라고 우스갯소리가 나왔겠는가.

메타버스 관련 사업을
하면 안 된다?

그럼에도 불구하고 메타버스 세상이 언젠가 올 것이라는 점에 대해서는 이견이 없다. 다만 그 언젠가가 언제인지, 혹은 현실세계와 가상세계의 균형점은 무엇인지에 대해서는 고민해볼 필요가 있다.

사람들은 자신의 행동양식과 패턴, 라이프스타일을 쉽게 바꾸지 않는다. 코로나처럼 통제 불가능한 특수한 상황으로 인해 행동에 제약이 생기지 않는 한, 국가나 조직이 법과 규약 등을 만들어 강제하지 않는 한, 그리고 극도로 편리하거나 임계치를 넘어서는 혜택을 입지 않는 한, 사람들은 익숙한 것을 계속 유지한다. 그게 편안하기 때문이다.

메타버스를 사업으로 활용하기 위해서는 현실세계에서는 얻을 수 없는 어떤 가치를 메타버스가 줄 것인지, 사람들의 제약된 시간과 공간을 어떻게 메타버스에 끌어들일 것인지 고민해야 한다. 즉 현실에서는 할 수 없는 무언가, 혹은 현실보다 훨씬 더 편리한 무언가, 또는 현실에서 하는 것보다 더 큰 혜택이나 이익을 얻을 수 있는 무언가를 제공해야만 한다. 그것도 일시적이 아니라 지속적으로 현실세계보다 경쟁력을 갖고 있어야만 사람들을 끌어들일 수 있다. 또한 그래야만 사람들이 메타버스에서 지갑을 열 것이다.

대기업과 스타트업 컨설팅을 다니다 보면 재미있는 공통점이 발견된다. 열이면 아홉이 메타버스 세상의 주인이 되겠다는 포부와 비전을 갖고 있다는 점이다. 이를 비난하는 것은 아니지만, 원대한 꿈을 펼칠 자리가 이미 좁아지지 않았는지 한번 냉정히 살펴볼 여유는 없었을까?

우리나라만 해도 메타버스 하드웨어와 소프트웨어 개발과

구축에 대기업들이 엄청나게 투자하고 있다는 사실을 이미 알 만한 사람들은 다 알고 있다. 그것도 단일 회사가 아니라 저마다 섹터를 나누어 다수의 기업들이 힘을 합치고 있다. 메타버스는 막대한 자금이 필요할뿐더러 다양한 역량이 합쳐져야 가능한 사업이기 때문이다.

이런 상황에서 스타트업이 메타버스를 여는 서비스를 개발한다고 하면 얼마나 비현실적으로 느껴지는지 모른다. 그 스타트업의 역량이 모자라서가 아니라, 이미 돈 놓고 돈 먹기 게임으로 룰이 바뀐 지경에서 뛰어난 기술로만 승부수를 띄우겠다고 하면, 아주 불가능하다고 하지는 않겠지만 현실적으로 느껴지지는 않는다.

스타트업의 현실적인 전략은 대기업 고래들이 만들고 있는 판에서 놓치고 있는 틈새를 해결하는 제품과 서비스를 제공하는 것이다. 이는 단순히 돈이 있다고 해결되는 문제가 아니기 때문이다.

개인 혹은 기업은 지금 자신이 해낼 수 있는 것과 해내야 하는 것이 무엇인지 객관적으로 파악하고, 거기에 맞는 목표를 세워야만 메타버스 세상을 사업 기회로 활용할 수 있을 것이다.

기술 변화 트렌드와 사업 및 마케팅 기회

1. 기술을 통해 새롭게 구현한 제품과 서비스는 고객이 이미 익숙한 제품과 서비스를 계속 쓰는 관성을 넘어설 정도의 가치를 제공해야만 한다.

2. 기술 변화 트렌드가 가져올 기회를 잡기 위해서는 현실적인 관점에서 우리가 해낼 수 있는 것이 무엇이며 변화가 가져온 새로운 환경에서 우리가 어디에 위치하는지 파악해야 하고, 앞으로 어떤 역할로 산업과 시장 및 고객에게 다가갈 것인지 결정해야 한다.

2. 소비 변화 트렌드 케이스 스터디

기술 변화 트렌드는 우리가 갖고 있거나 앞으로 갖게 될 기술로 무엇을 할 수 있느냐가 사업 및 마케팅과 연결되는 핵심고리였다. 이제부터 살펴볼 소비 변화 트렌드는 내재적인 역량을 살피는 기술 변화 트렌드와 비교하면 외부의 시장이 앞으로 어떻게 흘러갈 것인지에 관한 인사이트를 뽑아낸다는 점에서 다르다.

시장이 가는 방향과 시장 규모의 변화 추이는 사업이나 신제품 또는 신규 서비스가 얼마나 큰 돈을 벌어줄 수 있는지를 가늠하게 해준다. 즉 그 시장에 들어갈 것인지 의사결정을 내리는 출발점이 된다.

여기서는 첫 번째로 중·장년 세대를 사업적·마케팅적으로 어떻게 접근하면 좋을지 알아보고, 두 번째로는 온라인 세상의 각종 무료 서비스에 익숙한 고객의 소비행태에 맞춰 사업이나 마케팅 기회를 찾아보도록 하겠다.

첫 번째: 이제까지 이런 중·장년은 없었다

새로운 의식을 가진
중·장년 소비자의 등장

혹시 〈아메리칸 뷰티〉라는 영화를 알고 계시는가? 1999년에 개봉한 영화로 당시 아카데미 작품상을 수상한 작품이다. 하루하루 무기력하게 살아가는 남편을 주인공으로 '행복한 가족'이라는 판타지 아래에 헐겁게 엮여 있는 미국 중산층 가족의 허울을 벗기는 블랙코미디 영화다.

이 영화에서 주인공은 어느 순간 각성하고 자아를 되찾기 위해 노력하기 시작한다. 그래서 하는 행동 중 하나가 다시 운동을 시작하고 외모를 관리하는 것이다. 잊고 살았던 찬란한(?) 젊은 시절을 떠올리며 체력과 외모 모두 젊어지기 위해 노력하고, 사는 동안 잃어버린 남성성 찾기에 몰두한다.

지금의 중·장년은
예전의 중·장년과 다르다

〈아메리칸 뷰티〉의 주인공처럼 현재 우리나라 중·장년층 아저씨와 아줌마들은 각성하기 시작했다. 한국 정부 기준으로 중년은 40~49세, 장년은 50~64세를 의미한다. 과거 이 나이대의 사람들은 가족을 위해 '나'를 희생하면서 모든 것을 내려놓았다. 그런데 점차 의식이 바뀌고 있다.

물론 여전히 가족은 중심이고 가족 부양을 위해 나를 희생하기도 한다. 하지만 가족이 나를 완전히 대체하게 만들 정도는 아니다. 가족 안에서 자신을 잃어가고 있다는 점을 명확하게 인지하고 있고, 상황만 허락한다면 다시 자신을 찾아 바로 세우고 싶어 하면서 자아를 완전히 포기하지는 않는다.

이들을 세대로 구분하면 베이비부머 세대와 X세대가 중심이다. 이들은 유·아동이나 청년 시절 경제성장기와 부흥기 속에서 점차 삶이 풍요로워지는 경험을 했다. 또한 공동체가 아니라 개인을 삶의 중심에 놓았던 첫 번째 세대로, 미혼·비혼·돌싱 등 1인 가정을 꾸리며 전통적인 가족 형태의 삶을 선택하지 않는 사람들이 눈에 띄게 늘어났다. 이 점을 고려하면 그들의 자아에 관한 인식 변화가 지극히 자연스럽게 느껴진다.

또한 이들은 어르신으로 취급받는 것을 좋아하지 않는다. 예전에는 대중교통에서 젊은이들이 자리를 양보하기가 편했다. 조금만 나이가 들어 보여도 양보하면 됐다. 하지만 요즘은 자리를 양보하고도 안 좋은 소리를 들을 수 있다.

2021년 통계 기준으로 한국인의 기대수명은 83.6세에 달한다. 80세 수명에서 40세는 인생의 절반밖에 되지 않고 50대여도 절반을 조금 넘겼을 뿐이다. 물론 전보다 체력이 떨어졌고, 건강에 신경을 써야 하고, 나이가 들어가고 있다는 것을 이들도 인지하고는 있다. 하지만 아직 할 것도 많고 관심사도 많다. 한창 건강하고 활기차게 사회생활을 하고 있고 10대와 20대만큼은 아니지만 여전히 스스로를 젊다고 생각한다.

인생 2막은
더 이상 은퇴가 아니다

현재의 중·장년이 과거의 중·장년과 다르게 살아야만 하는 현실적인 이유도 있다. 지금 50대 중반에 회사에서 은퇴하면 남은 인생을 즐기며 살 수가 없다. 은퇴 후 20~30년을 더 살아야 하는데, 당장 쥐고 있는 은퇴 자금만으로는 인생을 즐기기는커녕 입에 풀칠만 하면서 살기에도 한참 모자란다. 여기에 늦어진 결혼연령으로 자식의 출생과 독립 시기도 늦어지다 보니 나이를 먹어서도 경제활동을 계속 이어나갈 수밖에 없다.

예를 들어 대기업 직장인인 한 남자가 33세에 결혼해서 곧바로 허니문 베이비를 갖게 되었다고 해보자. 아이가 대학을 마치고 독립하는 무렵인 27세까지만 지원한다고 해도 남자는 61세가 된다. 대기업 사무직이 밀려나는 평균 나이가 55세 무렵이니 벌써 여기서부터 시차가 생긴다. 아이는 한창 대학을 다니는 중이고 앞으로 독립을 한다면 집을 구할 자금, 결혼을 한다면 결혼 자금을 보태주어야 하는데 남자는 이미 직장이 없다. 싫든 좋든 지금의 중·장년에게 인생 2막은 은퇴가 아니라 먹고살기 위한 새로운 일을 다시 시작해야 한다는 것을 의미한다.

따라서 경제활동을 지속하기 위해서라도 중·장년은 건강뿐만 아니라 외모도 관리하고 자기계발을 게을리하지 않으면서 계속 성장해야만 살아남을 수 있다. 지금의 중·장년이 〈아메리칸 뷰티〉의 주인공처럼 각성하고 살아가야만 하는 슬픈 현실이다.

왜 새로운 중·장년층에
주목해야 하는가?

사업적 관점에서 우리가 새로운 중·장년층에 주목해야 하는 이유는 명확하다. 현재 모든 나이와 세대 중에서 가장 인구 규모가 크고 소득이 높은 층으로 소비력이 가장 강하기 때문이다. 향후 적어도 4~5년 이상 경기가 침체되어 있을 것으로 본다면 지금의 중·장년층은 축적해놓은 자산이 가장 많고, 인구도 가장 많다.

소위 마케팅 전문가라는 사람들이 트렌드를 이야기할 때마다 흔히 10대에서 30대 초반의 젊은 층을 분석하고 이들을 트렌드 리더로 꼽는다. 하지만 그것은 인구구조가 피라미드형일 때 의미가 있다. 물론 젊은이들이 어떤지를 이야기하는 것이 트렌디해 보이고 재미있기는 하다. 그러나 현실에서는 가장 인구가 많고 소득이 높은 층이 사업에 가장 도움이 된다. MZ 세대에 대한 분석과 이야기는 넘쳐날 정도로 많았지만, 정작 이들을 대상으로 큰돈을 벌었다는 이야기는 잘 들리지 않는다.

새로운 중·장년층은 명백히 소비의 주류 세력으로 자리를 잡아가고 있다. 지금의 소비력을 바탕으로 또 다른 소비 트렌드를 이끌어갈 것이 명확하다. 하지만 새로운 중·장년과 시니어는 상대적으로 MZ만큼 다루어진 적이 별로 없다. 가끔 주제와 이슈별로 파편화되어 다루어진 정도에 불과하다. 따라서 이들을 제대로 깊게 이해하고 이를 사업에 적용할 수 있다면 사업의 성패와 기업의 존속에 큰 영향을 미칠 것이다.

고객의 심층적인 욕구를
파악해야 한다

학술적 기준으로는 노년층과 실버 세대 그리고 시니어를 같은 것으로 본다. 그러나 Z세대가 자신들과 함께 묶인 밀레니얼 세대를 납득할 수 없듯이, 새로운 중·장년층도 스스로를 인식하는 범위가 다르다. 우선 이 책에서는 대중적 인식에 따라 55세에서 64세 정도를 '시니어'로 보고, 65세 이상의 노년층을 '실버 세대'로 지칭하겠다.

정부가 '노인'으로 분류하는 시니어들은 능력이 있고 여유 있게 사는 사람들일수록 실버 세대로 간주되는 것을 싫어하고, 시니어로 불리는 것도 좋아하지 않는다. 이들에게 제품을 판다면서 '액티브 시니어'라는 명칭을 가져다 붙인 뒤 누가 봐도 노인인 모델이나 그림을 도배한 제품을 보고 있자면, 고객에 대해 깊이 파악하고 있는 것인지 의심스럽다.

TV를 보던 중 배우 고수가 출연한 어떤 음료 광고가 시선을 끌었다. 분명 중·장년과 시니어를 대상으로 하는 제품이자 광고였지만 어디에도 그런 느낌은 없었다. 단지 고수라는 배우의 나이를 생각하면 중·장년의 멋진 이상형으로서 그를 모델로 삼았다는 것을 알 수 있을 뿐이다.

고수는 20여 년 전 당시 젊음과 활력의 상징이었던 박카스 광고로 데뷔했다. 이번 음료 광고는 여전히 멋지고 활기 넘치는 고수를 기용해 의도적으로 그 박카스 광고를 떠올리게 만들어졌다. 광고 제품이 젊은 에너지를 이끌어내는 데 도움을 준다고 스토리텔링하고 있었다. 요즘 새로운 중·장년에 대해 얼마나 심층적으로 이해하고 만들었는지 와닿아 매우 인상 깊었다.

소비 변화 트렌드와 고객의 숨겨진 욕구

1. 소비 변화 트렌드를 바라보는 시작점은 사람에 대한 관찰과 해석에 있다.
2. 고객을 시간축에 놓고 보아야 변화를 예측할 수 있다
3. 고객의 진짜 기대와 욕구는 보다 깊은 곳에 숨어 있다.

두 번째: 무료 서비스보다 비싼 것은 없다

당신은 배달과 택배 서비스를
얼마나 쓰고 있는가?

2023년 3월 말 배달 서비스 플랫폼 배달의민족이 전해의 실적을 공개했다. 그런데 이를 두고 이런저런 말들이 많다. 실적이 좋지 않아서가 아니다. 객관적으로 실적과 수익은 모두 스타트업의 큰형님다운 면모를 제대로 보여주었다. 하지만 많은 사람들이 우려를 나타냈는데, 미래가 불투명하고 뚜렷한 전략이 보이지 않아서 불안하다는 이유였다.

최근에 자신이 배달 서비스를 얼마나 이용했는지 생각해보자. 그리고 택배 서비스를 얼마나 썼는지도 생각해보자. 한창 코로나가 기승을 부리던 시절, 아니 당장 작년과 올해만 비교해보아도 상당수의 사람들이 이전보다 덜 이용했을 것이다.

점차 단계별로 격리가 해제되고 외출과 이동이 자유로워지면서 코로나 이전처럼 오프라인에서의 생활이 가능해지고 있다. 여기에 그동안 억눌러져 있었던 물가가 빠르게 올라가고 있고 요금 인상까지 겹치면서 고객들은 온라인 서비스를 이전처럼 많이 쓰고 있지 않다.

이러한 소비 변화 트렌드가 배달의민족의 실적 발표에 고스란히 반영되어 있다 보니, 그들이 과연 이 위기를 어떻게 돌파할까에 관심이 집중될 수밖에 없었다. 기업은 존속하려면 끊임없이 성장해야만 하는 운명을 갖고 있기 때문이다.

장사꾼은 절대로
손해 보고 물건을 팔지 않는다?

지금까지 수년 동안 각종 새로운 온라인 서비스들이 등장했는데, 그 제품과 서비스를 이용하면서 이런 생각을 해본 적이 있는지 궁금하다. '이 가격으로는 금방 망하지 않을까?' 다시 말해서 '아무리 생각해봐도 내가 지불하는 비용 정도로는 이익이 나기 어려울 것 같은데, 이렇게 퍼주면서 어떻게 기업이나 업체가 운영될 수 있는가' 하고 의심해보았는지를 묻는 것이다.

물론 그런 생각이 잠시 스쳤을 수는 있다. 그러나 무릇 장사꾼은 무슨 일이 있어도 손해 보는 장사는 하지 않고, '이렇게 팔면 우린 남는 거 하나 없어'라는 말은 늘 거짓말이라는 진리가 곧 떠올라 별 고민 없이 그 혜택을 즐겨왔을 것이다.

그런데 몇몇 스타트업이 등장하면서 그 진리는 깨졌다. 장사꾼인데도 손해를 보면서 파는 일이 벌어진 것이다. 물론 그들이 사회 공헌 활동을 하는 것은 아니고, 정말로 손해 보고 파는 것은 더더욱 아니다.

그들이 투자금으로 당장의 손해를 메꾸면서까지 제품과 서비스에 싼값을 매기는 것은, 그것이 향후 더 큰 돈을 벌기 위한 바탕을 마련하려는 전략이기 때문이다. 고객 입장에서 당장은 저렴하게 제품과 서비스를 즐길 수 있지만, 이는 앞으로 낼 돈을 당겨 쓴 셈이며 언젠가 미래에는 더 큰 돈을 내야 할 수도 있다.

지금까지 싼값 또는 공짜에 제품과 서비스를 제공하며 시장 내 인지도 확보, 고객 유치, 경쟁사 죽이기 등 목표를 달성한 기업들은, 또는 근래 어려워진 경제 환경에서 투자자들로부터 적자 성장 대신 매출 압박을 받기 시작한 기업들은 슬슬 그 본색을 드러내고 있다.

배달비와 택배비 혹은 각종 수수료들을 생각해보자. 원래는 고객이 지불했어야 하는 금액이다. 그러나 이제까지는 기업이 대신 부담하곤 했다. 어떻게 보면 그저 혜택이 원점으로 돌아오고 있는 과정일 뿐이다. 어려워진 경기에 기업 역시 살아남기 위해서는 제값을 받아야 한다.

그러나 고객들의 반발이 만만치 않다. 처음부터 안 주었으면 몰라도, 줬다가 뺏는 것은 사람을 가장 화나게 하는 일이다. 그 사실을 기업들은 놓치고 있었던 것이다.

무료의 유료화는
후발주자들에게 기회를 열어준다

그렇다면 기업은 이렇게 떠나가는 고객을 그냥 지켜봐야만 할까? 그렇지는 않다. 무료나 싼 가격에 제품과 서비스를 퍼주는 방식을 썼던 기업들은, 이제부터 고객이 돈을 써야 하는 충분히 납득 가능한 이유와 함께 더욱 개선된 제품과 서비스를 제공함으로써 가격 전략을 변화시킬 수 있다.

고객들이 반발하고는 있지만, 결국에는 현재 제공되는 대부분의 무료 서비스들이 하나둘 제값을 받으면서 유료로 전환될 것이고, 고객 역시 적응해나가게 될 것이다. 지금은 당연히 돈을 지불하고 있는 영상이나 음악의 유료 구독 서비스나 개별 구매 서비스 역시 2000년대 중반까지만 해도 무료나 다름없었다. 당시엔 저작권 개념이 약했고, 스트리밍이 아니라 음원이나 영상을 기기에 저장해서 사용했기 때문에 불법 다운로드가 만연했다. 그렇다 보니 사람들 사이에 돈을 내고 사용해야 한다는 인식이 자리 잡지를 못했다. 하지만 끊임없는 제도적 압박과 사회적 의식 전환 활동을 통해, 그리고 스트리밍처럼 더 편리하게 즐길 수 있는 새로운 서비스 방식을 통해 유료가 당연한 것이 되었다. 지금의 무료 서비스들도 이와 마찬가지 방식으로 유료화될 것이다.

그런데 이렇게 무료 서비스를 유료화하는 시점은 동일 시장 내에서 유사한 서비스를 제공하는 후발주자가 새롭게 시장에 자리 잡거나 마켓 셰어를 실현할 수 있는 기회가 된다.

이미 시장을 장악한 리딩기업이 앞으로는 무료 서비스를 제공하기 어렵게 되었다면, 이에 기대고 있던 파트너 기업이나 고객들이 이탈하는 것을 막을 방법은 없다. 파트너 기업들은 자신들의 사업에 훨씬 유리한 조건을 제시하는 또 다른 기업을 찾아가려 할 것이고, 이탈한 고객들은 동일한 가치를 무료나 더 싼 값에 제공하는 다른 서비스를 찾게 될 것이다. 즉 공고해 보이던 리딩기업과 파트너 기업 및 고객의 관계에 균열이 발생하게 되며, 후발주자에게는 그 균열을 파고들 수 있는 기회가 생긴다.

후발주자 기업은 자금에 여유가 있다면 무료 서비스를 확대하거나, 같은 서비스를 더 저렴한 가격에 내놓아서 고객을 빼앗아 오고 파트너들을 끌어들일 수 있다. 자금에 여유가 없다면 리딩기업의 유료화 정책에 동참하되 고객들이 가지고 있는 가격 이외의 불만 요소들, 즉 무료 서비스였기 때문에 고객들이 감내했던 불만족 요소를 우리 제품과 서비스에서 개선해 제공함으로써 고객을 데려올 수 있다. 고객 심리 면에서 무료와 유료의 가장 큰 차이점은, 무료는 일부 불만족스러운 부분을 그냥 넘어갈 수 있지만 유료는 고객으로서 보다 적극적으로 불만사항 개선을 요구한다는 점이다. 따라서 후발주자 기업은 마케팅 커뮤니케이션에서 이를 핵심 메시지로 활용해야 한다.

유료화는 전혀 다른 시장에도 새로운 기회가 된다

기회는 반드시 동일 시장 내 후발주자에게만 생기는 것이 아니다. 전혀 다른 시장이지만 고객 입장에서 대체재로서 동일하거나 유사한 가치를 지닌 제품과 서비스를 제공하는 기업들에게도 기회가 생긴다.

예를 들어 누군가 당신에게 2만 원을 주고 밖에서 세 시간 동안 자유롭게 즐기고 오라고 한다면, 당신은 영화관에서 영화를 볼 수도 있고, 노래방에 가거나, 당구장이나 PC방을 찾을 수도 있다. 분위기 좋은 카페에서 음료를 마시며 여유를 즐길 수도 있고, 날이 좋다면 책을 한 권 사서 벤치에 앉아 읽을 수도 있다.

각각의 제품과 서비스는 산업과 시장 기준에서는 서로 다른 분야에 속하지만, 고객 입장에서는 여가를 즐기고 만족을 얻는다는 면에서 동일한 가치를 지닌 것이다.

소비 변화 트렌드에 따른 시장 균열과 기회

1. 영원한 무료 서비스는 없다. 그러나 고객이 한번 무료라고 인지하면 그 인식을 바꾸기란 어렵다.
2. 무료일 때와 유료일 때 고객이 제품과 서비스에 원하는 내용과 기대치는 전혀 달라진다.
3. 기존의 룰이 깨지면 시장에 균열이 생긴다. 이때 후발주자나 다른 시장의 기업들에게도 기회가 열린다.

3. 고객 행동 변화 트렌드 케이스 스터디

기술 변화 트렌드는 우리가 앞으로 이 기술을 가지고 무엇을 할 수 있을지를 파악하게 해주고, 소비 변화 트렌드는 앞으로 어떤 시장이 얼마나 커질지를 알 수 있게 해준다. 사업이나 마케팅의 방향성을 설정해주면서 간접적인 인사이트를 제공해주는 것이다.

이에 비해 고객 행동 변화 트렌드는 고객 니즈와 더불어 고객이 지갑을 열고 돈을 쓸 상황을 보다 직접적으로 예상할 수 있게 해준다. 고객 한 사람 한 사람에 대한 접근이어서 직접적으로 활용할 여지가 많다.

먼저 산업혁명 이후 근로환경이 가장 혁신적으로 변화한 사례인 재택근무를 살펴보자. 다음으로 일정 및 업무 관리 툴을 통해 고객 행동 변화 트렌드에서 사업과 마케팅 기회를 어떻게 찾을 수 있는지 알아보도록 하자.

첫 번째:
재택근무는 직장인과 기업 중 누구에게 이득일까?

일은 회사로 출근해서
해야 하는 것이다?

직장을 다니건 직접 사업을 하건, 어딘가로 '출근'을 해서 일을 한다는 개념은 당연한 것이었다. 불과 몇 년 전까지만 해도 일을 한다는 것은 곧 출근한다는 말과 정확하게 같은 의미였다. 하지만 모두가 알다시피 코로나로 인해 그 공식은 산산이 깨졌다.

사회적 거리두기로 인해 사람들이 한 장소에 모일 수 없는 상황에서도 회사는 돌아가야 하고 사람들은 일을 해야 했다. 그래서 재택근무 혹은 원격근무 형태가 등장했다. 물론 이전에 이런 근무 형태가 없었던 것은 아니다. 프로그램 개발이나 디자인 등 외부에서 각자 일을 할 수 있는 직무에 한하여 제한적으로 시행됐고, 출장이나 여행 중 업무를 지속해야 하는 경우 상황에 따라 활용됐다. 초기 단계 스타트업들이 비용 절감을 위해 사무실 상주 인력을 최소화하고자 재택근무를 활용하는 경우도 있었다. 그러나 수많은 회사들이 전체 인원을 대상으로 대대적인 재택근무를 하게 된 상황은 인류 역사상 처음이 아니었을까 싶다.

마케팅 활동 가운데 고객의 생각과 행동을 변화시켜 고착화하는 것이 가장 난이도가 높다. 사람은 한번 익숙해지면 무의식적으로 패턴을 반복하고 이를 습관화하는데, 이렇듯 관성이 된 행동은 좀처럼 바꿀 수가 없다.

이를 변화시키는 방법 가운데 비교적 빠르게 작용하는 경우가 임계치 이상의 혜택을 받거나 더 편하게 만들어주었을 때다. 서 있으면 앉고 싶고 앉으면 눕고 싶은 게 사람 마음이다. 처음에는 재택근무를 어색해했던 사람들도 이내 적응하고 그 매력을 알게 됐다. 우선 출퇴근 시간이 빠지니 전보다 시간적 여유가 늘어났고, 직장에서 다른 사람들의 눈치를 볼 일이 사라져 마음도 여유로워졌다.

반면에 기업은 비상이 걸렸다. 출근한 것처럼 일할 수 있는 환경을 만들기 위해 당장 인프라와 제도를 새로 만들어야 했고, 근무 집중도와 긴장을 유지할 수 있는 방안을 강구해야 했다. 업무 평가 항목도 수정해야 했으며 기존과 같은 조직성과를 내기 위한 고민도 필요했다. 직원들에게는 천국, 기업에게는 지옥이 열린 셈이었다.

변화한 근무 환경과
새로운 서비스의 탄생

고객의 행동 변화는 새로운 사업 기회를 열어준다. 재택근무가 가져온 고객들의 행동 변화에 맞춰 많은 서비스들이 태어났다. 재택근무와 원격근무는 단지 집뿐만 아니라 인터넷 연결이 가능한 모든 곳을 일할 수 있는 공간으로 만들었다. 카페에서 업무를 보는 것은 자연스러운 일이 됐고, 집과 회사 사이에 거점 오피스를 만들거나 직장인을 위한 공유 오피스 서비스가 생겨나기도 했다. 휴가와 일을 병행하는 워케이션 문화가 도입되기도 했고, 아예 장기간 다른 곳에 거주하면서도 본래의 업무를 할 수도 있게 됐다. 이를 위한 인프라로 업무용 클라우드 서비스가 직장에 널리 보급됐고, 화상회의나 미팅을 가능하게 만든 줌 등 각종 업무 협업 툴들도 이 시기에 사용이 급격히 증가했다. 이로 인해 여러 새로운 기업이나 스타트업들이 성공의 기회를 잡았다.

변화가 안정화되면
또 다른 기회가 열린다

팬데믹은 재택근무, 원격근무, 유연근무제 등 직장인이 자유롭게 일할 수 있는 환경을 기업이 보다 빨리 도입하게 만들었다. 처음에 직장인들은 이를 반겼고, 기업은 어려움을 겪었다. 그러나 기업이 변화된 상황에 적응을 하고 나자 반전이 일어났다. 결과부터 이야기하면 일부 몇몇 직원들을 빼고는 좋아할 만한 일은 아니었다. 나는 근무형태의 변화가 시작되었을 때 이것이 직장인들에게 위기가 될 것이라고 이야기해 왔는데, 정말로 현실화되고 있다. 그리고 또 다른 사업 기회 역시 직장인 고객이 아닌 기업 고객을 대상으로 열렸다.

재택근무 환경이 일반화되고 있다는 것은 이전보다 더 성과 지향적이고 정교한 직원 평가 시스템이 마련된다는 의미다. 다시 말해 기업이 조직성과에 기여하는 사람과 유휴인력을 명확하게 구분할 수 있게 된다는 것을 뜻한다.

성과로 측정될 능력이 없으면 더 이상 성실함이나 인간미, 사교성, 연차 등을 내세워 조직에서 버틸 수가 없다. 이것이 공정하고 정확하다는 점에서 누구나 이견은 없을 것이다. 그런데 시시각각 바뀌는 사업 환경의 변화 속에서 늘 최고의 경쟁력을 발휘하며 살아남을 수 있는 직장인이 얼마나 될지 의문이 드는 것도 사실이다. 실제로 재택근무 이후 직원 평가 결과, 성과 면에서 명확한 차이가 드러난다고 말하는 기업들이 많아지면서 상시적 구조조정의 틀이 잡히게 되었다.

기업은 사람을 줄여 인력 비용을 줄이고, 조직 관리와 인력 관리의 피로도까지 없앨 수 있게 됐다. 노 코드(No Code) 및 로 코드(Low Code) 서비스, ChatGPT, 생성형 AI, 데이터 분석 AI를 활용한 서비스들은 개발 인력을 줄이면서도 소수 인력으로도 더 일을 잘할 수 있도록 지원해주고 더 많은 성과를 낼 수 있게 만들어줬다. 또한 비싼 국내 인력 대신 값싼 해외 인력을 채용해서 온라인 환경으로 일할 수 있도록 만들어주는 관련 서비스들이 등장했다. 주문이나 안내 키오스크부터 서빙과 배달, 물류나 경비 로봇까지 나오면서 사람의 자리를 대체해가고 있다. 기업에게는 사업적으로 비어 있는 곳에 진출 가능한 기회가 줄줄이 열리는 셈이다.

고객 행동 변화 트렌드가 열어주는 새로운 기회

1. 거시적인 사회·경제적 변화는 고객의 행동 변화를 가져온다.

2. 고객의 행동 변화는 기존의 삶의 양식이나 기준을 바꾸고 새로운 양식과 기준을 가져온다. 여기에서 사업적 기회가 생긴다.

3. 당장의 변화도 중요하지만, 그것이 앞으로 가져올 또 다른 변화에도 주목해야 한다. 더 큰 사업적 기회가 여기에 있다.

두 번째:
일정 관리 서비스는 왜 일정을 관리해주지 못할까?

사람들은 여전히 과거의 서비스를
그대로 쓰고 있다

일정 관리나 업무를 관리해주는 서비스들이 20여 년 전 벤처 시절부터 현재 스타트업 시절까지 끊임없이 나오고 있다. 그런데 신기하게도 정작 전체 시장을 흔들 만한 서비스는 거의 나오지 않았다. 일부 사람들 사이에서 신기하다거나 편리하다고 화제가 되는 서비스들은 꾸준히 나왔지만, 정착하는 이들은 드물고 대부분 새로운 유행을 좇거나 기존의 서비스로 돌아오곤 했다.

기술 발전에 힘입어 매번 비약적으로 발전하는 분야임에도 불구하고 이 툴은 30년이 지나도록 여전히 MS오피스의 그림자 안에 있다. 구글 정도를 예외로 볼 수 있겠으나 기본적인 서비스 형태나 사용법이 MS오피스의 영향력 안에 있음을 부인할 수 없다. 그저 사람들의 관성이 강해서라는 이유만으로는 이런 현상을 명확하게 설명하기 어렵다. 도대체 이유가 뭘까?

제품과 서비스를 쓰는 궁극적인 목적과
본질적인 이유를 파악해야 한다

나는 일정과 업무 관리 및 일기 쓰기를 종이 다이어리와 수첩, 일기장으로 하다가 2010년 이후 순차적으로 컴퓨터와 스마트폰 등 디지털 매체로 넘어왔다. 디지털 매체를 쓰고 디지털화된 정보를 활용하고 있다는 점은 분명 디지털 세계로 넘어왔다는 증거이기는 하다. 하지만 일정과 업무 관리, 일기 쓰기에 있어서 내 사고와 활동의 중심은 아날로그에 있다. 관리 철학은 아날로그, 기록 방식은 디지털이라고 할 수 있을 것이다.

관리 철학이 여전히 아날로그에 있는 이유는 명확하다. 일정과 업무 관리, 일기 쓰기는 단순히 언제 어디서 무엇을 해야 하는지만 챙기는 것이 아니기 때문이다. 그것뿐이라면 디지털이 훨씬 더 편하다.

언제 어디서 무엇을 하는지는 단순한 사실의 기록에 불과하다. 그것들을 그 시간과 장소에서 해내기 위해서는 기록된 각 건들을 우선순위화해야 하고, 사전에 준비를 해야 하고, 다른 사람들과의 약속이나 협업이라면 거기에 맞춰 생각을 정리한 뒤 만나는 사람과의 관계에 대해서도 미리 고려해야 한다.

즉 일정으로 적힌 텍스트 그 이상의 맥락이 필요하다는 의미다. 맥락을 파악하기 위해서는 의도적으로 일정에 맞춰 사실을 적으면서 머릿속으로 복기하고 정리해야 한다.

누구나 자신만의 비서를 쓸 수 있게 해주겠다며 지금까지 나온 서비스들은 아직까지 그 맥락을 고려하지 않는다. 비서의 역할을 단순하게 '일정 및 업무 관리'라 정의하고 만만하게 본 것이다. 그래서 정말 바쁘고 돈도 많은 사람들은 여전히 인간 비서를 고용하는 것이다.

아날로그로 기록하건 디지털로 기록하건 상관없이 일정과 업무 관리에는 아날로그적인 사고방식이 필요하다. 일정 및 업무 관리 서비스가 단지 오늘 몇 시에 무엇을 해야 하는지, 누구를 만나야 하는지, 업무 계획대로 일을 진행하고 있는지 계속 알람을 주는 수준이어서는 부족하다. 인간 비서만큼이나 맥락을 파악해서 특정 일정이나 특정 업무 전후에 발생할 일들까지 알아서 세밀하게 챙겨주거나, 전후에 일어날 귀찮은 일을 알아서 조정하고 처리해줄 정도가 되어야 많은 사람들이 생활 속에 녹여서 몸의 일부인 양 쓰게 될 것이다.

숨겨져 있는 고객의 문제와
니즈를 해결해줘야 한다

표면적으로 드러난 고객의 문제와 니즈만 해결한다고 해서 제대로 된 제품과 서비스가 되는 것이 아니다. 진짜 문제와 니즈는 고객이 의도적으로 생각을 숨겼을 수도 있고, 혹은 고객 스스로 정말 원하는 것이 무엇인지 인지하지 못했을 수도 있다. 따라서 사업과 마케팅 측면에서는 고객을 보이는 그대로만 받아들이면 안 된다.

고객 행동 변화 트렌드와 행동 변화의 이유

1. 고객이 제품과 서비스를 쓰는 궁극적인 목적과 본질적인 이유를 알아내는 것이 중요하다.
2. 고객이 겉으로 드러내는 정보로만 해결책을 찾으면 본질을 놓치게 된다.
3. 고객 스스로도 정확하게 인식하지 못하는 문제와 니즈를 해결해줘야만 고객이 지갑을 열게 된다.

III

Product-
Market-
Fit 을
찾아
라

지금까지 고민하고 생각해온 것들을 한마디로 정리하면 제품의 시장 적합성, 즉 Product-Market-Fit을 찾는 것이라 할 수 있다.

아무리 비전이 거창하고 의도가 좋아도 제품과 서비스가 실제 팔리지 않는다면 아무런 소용이 없다. 수익이 나지 않으면 기업이 존속할 수 없기 때문이다. 비전과 선의만 가지고 사업을 하고자 한다면 사업이 아니라 사회공헌활동을 해야 맞다. 사업의 핵심은 그 무엇도 아니고 PMF 단 하나라고 단언할 수 있다.

이제부터 시장에서 통하는 제품과 서비스를 찾는 방법을 알아보자.

6장

Product-Market-Fit은 사업의 열쇠다

세상에는 신기하고 재미있는 물건들이 참 많다. 길거리를 돌아다녀도, 온라인 쇼핑몰을 훑어보아도, 우연히 접하는 광고들을 봐도 마찬가지다. 뉴스 기사나 각종 콘텐츠에서도 신기하고 재미있는 기발한 물건들에 대한 이야기가 나온다. 이런 물건들을 접하면 '세상에 창의적인 생각을 하고 실제로 만들어내는 능력 있는 사람들이 참 많구나' 하는 생각이 든다.

대기업이나 중견기업, 스타트업 역시 그렇다. 어떻게 이런 제품과 서비스를 생각해냈을까 싶은 것들이 많다. 단순히 신기하고 재미있고 기발한 것을 넘어서 평소 이런 불편함이 있었고 이런 게 있었으면 좋겠다고 생각했던 제품과 서비스를 발견하면 더욱더 탄성이 나온다.

그런데 이렇게 쏟아져 나오는 제품과 서비스가 오랜 시간 살아남아서 우리의 일상 속에 자리를 잡는 경우를 떠올려보면 정말 극소수에 불과하다. 불과 몇 개월, 길어야 1~2년 뒤면 언제 그런 것이 있었냐는 듯 싹 사라졌거나 쇼핑몰 한구석을 초라하게 차지하고 있다. 가끔 똑같거나 유사한 제품과 서비스가 주기적으로 나타나 붐을 일으키기도 하지만, 이마저도 흔한 일은 아니다. 왜 이런 일이 벌어지는 걸까?

1. 고객이 지갑을 여는 제품과 서비스 찾기

관심 있는 제품과 구매하는 제품은 다르다

이런 물건들이 있을 것이다. 왜인지는 잘 모르겠지만 그냥 한 번쯤 갖고 싶은 물건, 내 돈 주고 사기에는 아깝고 남이 선물이라도 해주면 좋겠다 싶은 물건, 신기하고 재미있어 보여서 샀는데 막상 그 기분은 잠시뿐이고 시간이 지나면 어디 있는지도 모르게 먼지만 쌓여가는 물건. 즉 내 돈 주고 산 것을 후회하게 되는 물건들이다.

고객이 물건을 산다는 행위는 많은 의미를 내포한다. 고객 니즈에 맞춰서 제품과 서비스를 만들면 팔릴 가능성이 높은 것이지, 그 자체가 팔린다는 것을 전제하지는 않는다. 고객이 관심을 가지고 필요성을 느끼는 물건과 실제로 고객이 살 가치가 있다고 느끼는 물건은 다르기 때문이다.

PMF란 무엇인가?

실제로 고객이 돈을 지불하고 제품이나 서비스를 이용할 때는 현재의 관심과 필요성을 넘어서서 '내가 지불한 돈이 충분히 가치를 다하는가?'를 고려한다. 이 지점을 만족시키지 못하는 제품과 서비스를 만든다면 사업을 영위할 수 있을 만큼의 시장이 만들어지지 않을 수 있다. 팔아도 충분한 매출과 수익이 발생하지 않으니 사업을 지속하기 어려운 것은 당연한 일이다. 그래서 결국 기업 입장에서 가장 중요한 것은 바로 제품의 시장 적합성(Product-Market-Fit), 즉 PMF이다.

PMF는 제품과 서비스를 실제로 출시할 것인지 결정하는 기준이자, 출시 후 판매 성공을 가늠하는 척도다. PMF의 첫 번째 조건은 고객 니즈다. 고객이 필요로 하거나, 고객이 갖고 있는 문제를 해결해주어야 한다. 두 번째 조건은 일정한 수 이상의 고객이다. 내 제품과 서비스를 구매해줄 고객이 적절한 숫자를 넘어서는 시장을 형성해야만 제품 가격과 원가를 맞추면서 사업을 유지할 수 있다. 일단 이 두 가지가 모두 충족되어야만 PMF를 찾았다고 할 수 있다.

PMF에 맞춰 고객이 지갑을 여는
제품과 서비스 찾기

요즘 자문을 맡아 육성하는 스타트업들과 이야기하는 주제 대부분이 사업 방향과 전략 수정, 사업모델 부분 피봇팅 또는 보완이다. 최근에 새로 자문 요청 제안을 받은 곳도 첫 주제가 PMF였다. 저연차부터 업력 20년이 훌쩍 넘은 대표들까지 모두 이 주제를 고민한다. 이유는 포스트 코로나 시대가 본격적으로 시작되면서 과거의 문법이 지금 시장에 통하지 않기 때문이며, 재작년부터 조짐이 보인 대로 스타트업 투자시장이 얼어붙으면서 당장 매출과 수익을 확보할 필요가 생겼기 때문이다.

한 스타트업이 지금까지 걸어온 사업 전개 방식을 통해, PMF 그리고 PMF에 맞는 제품과 서비스 찾기, 더 나아가 사업 성장 과정까지 살펴보자. 인공지능 음성과 영상의 합성 기술로

성과를 낸, 나아가 인공지능을 편의 도구만이 아닌 창작의 도구로 만들려고 하는 스타트업 이야기다.

"아마존 창업자 제프 베조스는 창고에서 회사를 세웠다고 합니다. 우리 회사도 제가 대학교 3학년 때 기숙사에서 세운 스타트업이에요. 동기 두 명과 인공지능 목소리 생성 기술로 시각장애인을 위한 오디오북을 만들자는 것이 첫 아이디어였지요."

시각장애인들은 책을 읽을 때 점자에 의존한다. 책을 목소리로 들려주는 오디오북도 있지만, 모든 책이 오디오북으로 만들어지는 것은 아니다. 개별적으로 원하는 책을 오디오북으로 만들려면 비용이 수백만 원 이상 들고 만드는 시간도 한 달 이상 걸린다. 창업가 대표는 인공지능 목소리 생성 기술을 쓰면 빠른 시간에 저렴한 비용으로 오디오북을 만들 수 있을 것이라 생각했다.

"글을 목소리로 바꾸는 인공지능 기술을 연구했어요. 그 부문의 연구가 얼마나 힘든지 나중에 알았어요. 막상 연구를 시작하니 모든 곳에 연구비가 들어가더라고요. 데이터도, 인공지능을 가르칠 GPU(Graphics Processing Unit)도 필요했는데, 처음에는 돈이 없어서 팀원들이 십시일반 돈을 모아서 GPU

를 빌려 썼어요. 연구를 하루하루 간신히 이어가다시피 하니, 이래서는 안 된다는 생각이 들어서 그때까지 만든 성과를 들고 여러 곳의 창업 공모전에 지원했어요. 열 곳을 지원했는데 다행히 아홉 곳에서 1위~3위를 수상해 자금에 여유가 생겼어요. 덕분에 GPU를 살 돈이 모였고 연구도 한결 원활해졌어요. 목소리를 녹음할 때도 처음에는 팀원들이 녹음하거나 학교 안에서 자원봉사자를 찾아 부탁했어요. 그러다가 성우를 모셔야겠다는 생각에 인기 외국 드라마의 주연을 맡은 한 유명 성우를 찾아갔습니다. 저희의 기술과 목표를 말씀드리니 흔쾌히 돕겠다며, 좋은 일 한다며 응원해주셨어요. 덕분에 힘이 났죠."

2010년대 후반에 설립된 이 스타트업은 인공지능 기술을 연구·개발해 성과를 내고, 투자금으로 GPU와 인력을 모아 다시 연구·개발을 거듭했다. 인공지능 부문에는 수많은 스타트업이 진출했다. 그만큼 기술과 회사 홍보, 투자 유치 경쟁이 심하다. 이런 상황 가운데 대표는 경쟁력이자 사업을 단시간에 본궤도로 올려놓을 방법으로 분업화와 빠른 의사결정 구조, 풍부한 데이터 확보를 선택했다.

이 스타트업이 선보인 인공지능 음성·영상 합성 서비스는 업계와 소비자에게서 열띤 호응을 얻었다. 처음에는 사용자가 파워포인트 자료를 업로드하면 글자를 목소리로 옮기고 자막도 만들어주는 서비스를 선보였다. 2020년에는 MBC 국회의원 선거 개표 방송에서 정치인의 목소리를 합성하는 기술을 시연했다. 사용자가 이름을 넣으면 대통령이 그 이름을 말하며 새해 인사를 건네는 서비스는 단 3일 만에 25만 명이 이용할 정도로 인기를 모았다. 또 문화재청과 유명 배우의 목소리를 인공지능으로 재현해 점자 감각책 음성 해설을 만들었다. 한창 요즘 유행하고 있는 AI 가상인간도 만들어 많은 기업들과 함께했다.

이 스타트업은 창업 2년여 만에 시리즈 A 투자를 유치했다. 보통 이렇게 빨리 시리즈 A 투자까지 받으면 기분이 좋아져야 하는데 대표는 그렇지가 않았다. 많은 투자금과 회사 규모에 비해 실제 시장과 고객을 통해 창출한 매출과 수익이 아직은 부족했고, 무엇보다도 처음 창업했을 때 그렸던 목표대로 사업을 전개하고 있는지 불현듯 의문이 들었기 때문이다.

대표를 포함해 창업 멤버 전원이 개발자였다. 지금껏 인공지능 기술을 연구·개발하는 데에만 몰두하다 보니, 대표는 그동안 소비자의 의견과 시장의 요구를 듣고 반영하는 데 소홀했다는 점을 문득 깨달았다. 잠깐은 사업이 잘될 수도 있겠지만, 소비자와 시장이 정말 원하는 것을 주지 못하면 금세 외면받고 앞으로 성장할 수 없다는 생각에 위기감이 몰려왔다.

그래서 곧바로 PMF를 점검하기 위해 비즈니스 전문가를 영입해 소비자가 느낀 불편, 소비자가 원하는 서비스를 탐색하기 시작했다. 이후로 소비자 인터뷰와 사업 리뷰를 반복해서 지금까지 시장에 없던, 자체 보유 기술을 충분히 활용하면서도 소비자들이 정말 원하는 서비스를 하나둘 찾아냈다. 그리고 2022년 3분기부터 새 인공지능 서비스를 지속적으로 공개하고 있다.

이들은 나라나 언어에 관계없이 누구나 활용할 수 있는, 내면의 상처를 어루만지고 치유하도록 돕는 새 인공지능 서비스를 앞세워 세계 시장에 진출할 계획이다. 지금 운영하고 있는 서비스들도 보다 시장과 고객에 맞춰 고도화하고 있다. 언어 호환 성능을 높이고 콘텐츠 시장 규모가 큰 미국에 진출하기 위해 글로벌 세일즈 팀도 꾸렸다.

또 PMF 결과에 맞춰 인공지능 기술을 활용해서 새로운 콘텐츠 카테고리를 만들고 있다. 딥 페이크를 탐지하는 기술을 포함, 사람들이 디지털 공간에서 안전하게 자신을 표현하도록 돕는 기술을 가지고 여러 가지 B2C 서비스를 개발 및 출시 준비 중이다. 사람들이 자신의 생각을 더 잘 표현하도록 돕는,

바꿔 말해서 인공지능이 사람의 창작을 돕고 상상을 현실로 이끌 수 있도록 만드는 서비스들이다.

지금까지도 지속적으로 PMF에 맞춰 유명인의 AI 인간, 점자책, 기업 대상의 AI 음성이나 영상, 가상인간 제작 등 B2B 사업으로 조금씩 변화, 발전해왔지만, 이번에는 사업 전체를 다시 PMF 관점에서 대대적으로 살펴보고 과감하게 B2B뿐 아니라 B2C 서비스로도 사업을 확장하고 있다.

PMF에 맞춰
사업의 방향을 바꾸기

피봇(Pivot), 즉 사업의 아이디어나 방향을 전환하는 것은 스타트업의 성패를 좌우할 만큼 중요한 결정이다. 이번에는 과감한 사업 전환 사례로 PMF를 살펴보자. 에듀테크 사업에서 지식 정보 플랫폼으로 피봇을 한 어느 스타트업의 이야기다.

대표는 20대 초반이던 대학생 시절에 온라인 에듀테크 스타트업을 세웠다. 누구나 온라인으로 언제 어디서나 일과 취미와 관심사를 배우도록 도와주는 서비스를 내세워 결국 우리나라에서 가장 많은 온라인 강의를 제공할 정도로 내실 있는 스타트업으로 자리 잡았다.

그렇지만 시간이 지남에 따라 시장과 사업은 조금씩 정체되며 성숙기에 이르렀다. 경쟁이 치열한 분야임을 감안하더라도, 기존의 고객에 더해 새로운 세대가 사회에 지속적으로 유입되고 있으므로 고객 증가에 맞춰 시장이 계속 성장해야 하는데, 정체되고 있다는 것은 무언가 잘못되고 있다는 반증이었다.

그러던 중 대표는 '오픈 채팅'을 접하고 이 기술이 새로운 유행이 될 것임을 직감했다. 새롭게 사회에 진출하는 MZ 세대가 지식을 나누고 공유하는 달라진 방식이 그 안에 있음을 알아차린 것이다. 그는 수개월에 걸친 면밀한 시장과 고객 조사를 통해 온라인 교육 시장에서 오픈 채팅이 본격적으로 자리를 잡고 있음을 확인했다.

오픈 채팅은 초보에서부터 전문가까지, 다양한 사용자층이 쉽게 쓸 만큼 직관적이고 단순한 구조를 갖고 있다. 가벼운 상식이든 무거운 전문 지식이든 오픈 채팅 공간에서는 질의응답이 빠르게 이뤄진다. 덕분에 사용자는 궁금한 점이나 닥친 문제를 곧바로 해결할 수 있다. 손쉽게 즐기는 채팅으로 지식을 쌓고 나눈다는 점에서 이상적인 지식 공동체, 배움의

터전이라 할 만했다.

즉 시장이 과거와 다르게 변화한 것이었고, 대표에게는 PMF에 맞춰 변신해야만 한다는 절박함이 생겼다. 결국 대표는 에듀테크 기반 온라인 교육 플랫폼에서 지식 정보 플랫폼으로의 피봇을 결심했다. 더 넓고 다양한 부문의 지식을 아우르면서 더 많은 사용자에게 지식 정보 공유의 즐거움을 전하기로 한 것이다.

물론 이보다 앞서 게시판 형식으로 어떤 사용자가 질문하면 다른 사용자가 덧글 답변으로 정보를 알려주는 방식의 지식 정보 공유 플랫폼이 있었다. 하지만 이 경우 질문자는 답변자에 대해 그리고 답변자가 대답해준 정보에 대해 신뢰를 가지기가 어려웠다. 비슷한 질의응답과 답변자를 모아 커뮤니티로 만드는 것도 어려웠다.

피봇한 신규 서비스는 사용자끼리 지식과 정보, 조언을 오픈 채팅으로 실시간으로 주고받도록 돕는다. 따라서 질문자는 답변자가 누구인지, 어떤 정보를 얼마나 가졌는지 쉽게 알 수 있다. 업계에서 이름난 전문가를 섭외하면 신뢰도는 더욱 올라간다. 서비스는 현재 오픈 채팅이 여럿 모인 그룹 채팅, 나아가 정보를 주고받는 커뮤니티로까지 발전하고 있다.

이 스타트업은 이미 시장에 안착한, 비즈니스 모델 검증을 마치고 서비스도 완성된 스타트업이었기 때문에 향후 사업 성장을 어느 정도 예측할 수 있었다. 성과와 성장을 측정할 기준도 세워둔 터였다. 하지만 반대로 이야기해보자. 서비스가 채 완성되지 않은 상황에서의 피봇은 불확실한 미래 그 자체다. 성과와 성장을 측정할 기준이 없으니 제대로 나아가고 성장하고 있는지 방향을 가늠하기도 어렵다. 때문에 PMF에 맞춰 피봇을 할 때는 사업의 지속성을 위한 옳은 선택이자 반드시 필요한 선택이라는 확신을 가지는 것이 중요하다. 이 스타트업의 신규 서비스는 현재 순조롭게 성장한다는 평가를 받고 있지만, 대표는 여전히 사용자 경험의 종류를 다양하게 하고 완성도를 높일 방안을 고민하며 계속 사업과 서비스를 개선하고 있다.

결국 가장 중요한 것은
PMF이다

사업의 지속과 성장의 기반은 시장과 고객이다. 이를 위해 기업들은 현재 얼마나 잘되고 있는지와 상관없이 습관적으로 PMF를 점검하고 맞춰가면서 시장과 고객을 공략할 수 있는 제품과 서비스를 찾아내야만 한다. 사업과 마케팅에서 가장 중요한 것은 결국 PMF라 감히 말할 수 있다.

사업 성공과 성장의 핵심인 PMF

1. 고객 니즈에 맞춰 제품과 서비스를 만드는 것은 잘 팔릴 가능성을 높여주지만, 그 자체로 고객이 지갑을 무조건 열지는 않는다.

2. 많은 고객이 제품과 서비스를 구매하는 것은 Product-Market-Fit이 이루어졌을 때뿐이다.

3. 시장과 고객 변화에 맞춰 PMF를 끊임없이 재점검해야 한다.

4. PMF는 사업의 성공과 지속적 성장의 바탕이다.

2. 고객의 생각과 행동을 바꾸기

햄버거 회사는 BTS를 어떻게 활용했을까?

앞서 시장과 고객의 변화에 따라 PMF를 찾아가는 경우를 알아보았다. 이번에 살필 것은 보다 공격적인 PMF 전략이다. 우리의 제품과 서비스를 PMF에 맞추는 것이 아니라 고객과 시장이 우리의 제품과 서비스를 좇게 만들어서 PMF를 맞추는 방식이다. 난이도 면에서 가장 어렵지만 주도권을 고객이 아니라 우리가 갖는다는 점에서 매력적이다. 몇몇 사례를 통해서 어떻게 접근해볼 수 있을지 살펴보자.

몇 년 전 한 글로벌 햄버거 회사가 BTS를 광고모델로 내세워 어마어마한 히트를 치고 화제가 된 적이 있다. 재미있는 사실은 단순히 BTS를 광고모델로 쓰기만 한 것이 아니라 아예 BTS를 활용한 상품을 내놓았다는 점이었다. 이름마저 BTS 세트였다.

BTS 세트는 우리나라 외에도 전 세계 대부분의 국가에서 동시에 출시되었다. 당연히 BTS를 내세운 대대적인 광고캠페인을 함께 진행했다. TV 광고뿐만 아니라 SNS 및 기업용 앱을 통한 BTS 관련 이벤트나 콘텐츠 활동도 적극적으로 전개

했다. TV 광고에서 BTS는 자신들이 직접 골라 구성한 메뉴라면서 멤버들이 번갈아가며 화면을 시종일관 응시한다. 마치 BTS 세트를 먹으면 BTS와 함께하는 느낌을 줄 것만 같다.

BTS 세트는 국내 기준 약 한 달간 한정판매했다. 세트 구성은 치킨 너겟 열 조각, 프렌치프라이와 음료, 그리고 BTS 멤버들이 직접 선택했다는 스위트 칠리 소스와 케이준 소스를 함께 주는데(직접 소스를 기획하거나 만든 것이 아니라 기존 소스들 중에서 고른 것이다), 포장 패키지는 멤버 사진 대신 BTS를 상징하는 보라색과 로고를 활용했다.

역시 BTS 파워는 대단하다

전 세계적으로 BTS 세트에 대한 열기는 뜨거웠다. 공식 판매량이 공개되지는 않았지만 국내 매장에서는 주문이 폭주했다. 해외에서는 BTS 세트에 웃돈이 오가기도 하고 BTS 세트를 굿즈로 인식해서 애지중지하는 모습이 뉴스에 소개되기도 했다. BTS 팬클럽인 아미뿐 아니라 BTS 세트가 왜 그렇게 화제인지 궁금해하는 일반인들까지 BTS 세트를 시켰다.

시대가 바뀌고 개인의 취향이 보다 존중받기 시작하면서

80~90년대와 달리 전 세계를 무대로 모든 곳에서 사랑받는 스타가 출현하기 어려워졌다. 현시점에 BTS는 전 세계에 통하는 몇 안 되는 귀한 글로벌 스타다. 글로벌 브랜드인 해당 햄버거 회사 입장에서 BTS는 전 세계에 화제가 될 마케팅을 벌이기에 적합한 최고의 광고모델이었다. 시기 또한 절묘해서 당시 BTS의 신곡 '버터'가 공개되어 빌보드에서 1위를 이어가고 있었다. 아마도 BTS에게 천문학적인 광고비를 지불했을 테지만 광고 효과나 판매량과 비교하면 전혀 아깝지 않았을 것이다.

단지 BTS의 글로벌 유명세가
BTS 세트 출시의 이유일까?

나도 BTS 세트 출시 직후 BTS 세트를 먹었다. BTS 팬이라서? 내가 BTS를 좋아하긴 하지만 팬은 아니다. 취향에 맞는 BTS 노래가 나오면 즐기는 정도다. 다만 원래 치킨 너겟을 좋아하고 소스도 평소 즐기던 것인데, 이번에 세트로 묶이면서 가격이 저렴해진 것이 이유다. 다만 시키고서 어쩐지 허전한 느낌이 들어 햄버거 하나를 추가했다. 칼로리 폭탄이 충분히 예상되는 상황이었지만, 햄버거 브랜드에서 햄버거를 시키지 않는다는 것은 뭔가 어울리지 않는다는 느낌이었다.

그때 문득 이런 생각이 들었다. '왜 BTS 세트에 햄버거를 넣지 않았을까?'

가만히 생각해보면 이게 왜 BTS 세트인지 의아하다. 새로운 메뉴를 출시한 것도 아니고 그저 기존 제품들을 재조합했을 뿐이다. BTS가 선택했다는 이유만으로(물론 실제로 BTS가 즐기는지도 확인된 바 없다) 한정판 세트메뉴를 전 세계에 프로모션하다니, 이거 참 쉽게 일하는 게 아닌가 하는 의심도 든다. 게다가 햄버거도 없이 치킨 너겟은 왜 열 개씩이나 넣고 프렌치프라이까지 넣었을까?

BTS 세트에 숨어 있는
전략적 야심

· **BTS 세트에는 신메뉴가 없다**

BTS 세트에는 새로 개발된 메뉴가 없다. BTS가 평소 즐긴다고 하는 기본 메뉴의 조합에 불과하다. 이렇게 구성한 현실적인 이유를 생각해볼 수 있다. 단일 국가가 아니라 전 세계 매장에서 동시에 신제품을 출시하려면 최소 몇 년 동안 메뉴를 개발하고 준비해야 하는데, BTS와 한시라도 빨리 콜라보를 진행하려면 이미 팔고 있는 메뉴를 조합하고 대신 쉽게 적용할 수 있는 포장 패키지와 BTS 굿즈로 보완하였을 것이라는 짐작이다. 실제로 해당 기업은 순식간에 전 세계 동시 마케팅 프로모션을 전개할 수 있었다.

· BTS 세트에는 햄버거가 없다

BTS 세트 구성을 보면 치킨 너겟과 프렌치프라이 그리고 콜라로 이루어져있다. 당신이 이 기업 매장에서 근무하는 사람이라면 이런 주문을 받았을 때 어떤 생각이 들겠는가? 그렇다. 햄버거 메뉴를 받을 때보다 훨씬 부담이 적을 것이다. 모두 햄버거보다 조리하기가 쉽다. 단지 튀겨서 포장해서 내놓으면 끝이다. 따라서 BTS 세트를 먹겠다고 몰려오는 고객들을 최대한 빨리 응대할 수 있다. 게다가 식사 메뉴를 치킨 너겟과 프렌치프라이로 꾸리면 회전율이 높아져 매장 운영 효율을 더 높일 수 있다. 기업 입장에서는 BTS 세트를 많이 시킬수록 이익이 커진다.

· BTS 세트에는 부정적 이미지가 없다

햄버거가 주력 상품인 패스트푸드에서 햄버거를 뺐다는 것은 큰 의미가 있다. 먼저 치킨 너겟 열 개의 의미는 무엇일까? BTS 세트 구성은 전체 양과 칼로리를 생각해보면 그 자체로 식사 메뉴다. 원래 이 기업이 내세운 식사 메뉴는 햄버거가 메인이고, 치킨 너겟을 비롯한 각종 사이드 메뉴는 가볍게 먹을 수 있는 간식이거나 메인 메뉴만으로 아쉬울 때 더하는 서브 메뉴였다. 하지만 여기에서 햄버거를 빼고 그 자체로 한 끼 식사로 포지셔닝함으로써 햄버거 중심의 이미지를 바꿔 갈 수 있는 시발점을 마련했다.

사실 과거 이 기업은 메뉴를 다각화하면서 햄버거의 이미지를 벗어나기 위한 시도를 여러 번 했다. 워낙 유명하기는 해도 업력이 오래되다 보니 '올드함'의 이미지와, 패스트푸드의 '건강하지 않다'라는 이미지를 갖고 있었다. 그런데 BTS와의 콜라보는 이 기업에게 새로운 기회를 열어줬다. 우선 BTS 세트로 BTS 팬층을 유입시킬 수 있었다. 10대와 20대의 젊은 층을 불러 모아 젊은 이미지를 품을 기회를 얻었으며, 건강한 음식까지는 아니지만 건강하지 않은 음식들 때문에 매장 방문 자체를 꺼리게 만드는 부정적인 이미지는 엷게 만들 수 있는 기회도 얻었다.

BTS 세트 한번 사 먹었다고 이 모든 것이 갑자기 바뀌는 것은 아닐 것이다. 하지만 음식을 만들고 매장을 운영하는 사업의 특성상 고객들에게 음식을 먹게 하거나 매장을 찾게 만드는 것은 접근이 어려웠거나 떠났던 고객들을 다시 끌어들일 수 있는 가장 강력한 마케팅 커뮤니케이션 방법이다.

고객의 생각과 행동을
PMF에 맞게 끌어오기

앞서의 설명이 틀린 말은 아니겠지만 BTS는 BTS다. 글로벌 기업이 어마어마한 돈을 들여서 BTS를 데려왔기 때문에 변화가 가능한 것이 아니었겠느냐고 생각할 수도 있을 것이다. 하지만 이것을 떠올려보자. 불과 10여 년 전까지만 해도 존재하지 않았고 존재할 거라고 생각조차 하지 못했던 제품이나 서비스를 지금은 자연스럽게 누리는 경우가 있지 않은가?

애플의 아이폰은 2007년에 처음 출시됐다. 그러나 10년도 채 지나지 않아서 핸드폰 하면 사람들이 떠올리는 이미지는 스마트폰으로 교체되었다. 거리에서 피처폰을 쓰는 사람을 아무리 찾아보아도 눈에 들어오지 않을 정도다. 지난 수십 년간 배달음식을 시킬 때는 전화번호부나 배달 책자를 펼쳐 살핀 뒤 전화를 거는 것이 상식이었다. 그러나 이제는 배달앱을 켜서 손가락 몇 번 움직이면 복잡한 주문까지 해낼 수 있다. 차를 몰아 모르는 장소에 가려면 지도가 필수였다. 하지만 어느 순간 내비게이션이 도입돼 처음 가보는 길도 어렵지 않게 찾아갈 수 있게 됐다.

이 사례들은 공통점이 있다. 그것은 고객의 생각과 행동을 바꾸게 만드는 단순하지만 강력한 요인이 있었다는 점이다. 아이폰은 극도로 직관적이고 쉬운 사용성, 배달앱과 내비게이션은 압도적인 편의성이 그것이다. 이로 인해 고객이 하나둘 호기심을 갖기 시작하고 점차 공감을 얻어가다가, 어느 순간 임계치를 넘어서면 폭발적으로 판매나 이용이 늘어났다.

고객이 원하는 것을 정확하게 파악하여 치밀하게 설계한 제품과 서비스가 마케팅 활동과 만나면 오랫동안 고객이 당연하게 생각하고 유지해오던 관성을 어느 순간 바꾸어놓을 수 있다.

고객의 생각과 행동 변화를 만드는 방법

1. 고객의 생각과 행동을 변화시켜서 우리가 원하는 대로 고객이 움직이게 만드는 방법도 있다.
2. 고객을 움직이는 강력한 동인을 찾아내서 제품과 서비스에 반영해 구매하도록 유도하거나, 동인 그 자체로 우리 제품과 서비스를 구매하도록 만들 수 있다.

3. 고객을 통해 Product-Market-Fit 찾기

제품과 서비스의 시장성은 고객이 알려준다

제품과 서비스가 날개 돋친 듯
팔리는데 뭔가 찝찝하다

당신은 정말 온몸을 갈아서 죽을 만큼 일했다. 철저하게 시장과 고객을 조사했고 거기에 맞춰 제품과 서비스를 만들어냈다. 그리고 시장이 반응하고 고객이 혹할 만한 메시지와 채널로 마케팅 커뮤니케이션도 각별히 신경 썼다. 물론 거기에 맞춰서 가격과 유통까지 완벽하게 설계했다. 이제 드디어 제품과 서비스가 고객과 만날 시점이다. 시장에서 얼마나 화제가 될까, 고객들이 얼마나 좋아할까, 그리고 얼마나 많이 팔릴까? 설레기도 하고 흥분되기도 한다. 그리고 한편으로는 두렵기도 하다. 정말 내 제품과 서비스가 팔릴까? 출시일이 다가올수록 자신감은 점차 사라지고 기분은 냉탕과 온탕을 왔다 갔다 하며 오르락내리락한다.

제품과 서비스를 출시하고 며칠이 흘렀다. 기대보다 더 많은 고객이 찾았고 기꺼이 지갑을 열었다. 매출과 수익도 예상치를 훌쩍 넘어섰다. 지금까지의 의심은 다시 확신으로 바뀌고, 사라졌던 자신감은 어느덧 다시 돌아와서 어깨를 빵빵하게 한껏 올려놓았다. 함께 고생한 임직원들과 사무실에서 피자와 치킨, 맥주를 시켜놓고 간단히 축하파티도 했다.

다시 며칠 뒤 흥분을 가라앉히고 고객과 매출 데이터를 꼼꼼히 살펴보는데, 갑자기 '멘붕'이 왔다. 분명 많은 고객이 내 제품과 서비스를 샀고 제품과 서비스가 좋다면서 칭찬하는 리뷰도 한가득이다. 이미 목표로 한 금액을 넘어서 매출과 수익은 계속 올라가고 있고 수요에 맞춰 생산량을 어떻게 맞출지 고민해야 하는 상황이다. 아주 행복한 상황인데 왜 멘붕이 왔을까?

문제는 우리 제품과 서비스를 구매한 고객이었다. 원래 타깃으로 했던 고객들이 아니라 전혀 고려하지 않았던 고객들이 우리 제품과 서비스를 사고 있었다. 하물며 타깃팅한 고객이 아니다 보니 우리가 집행한 마케팅 커뮤니케이션 활동으로 유입된 것도 아니었다. 오히려 우리가 목표로 한 고객들은 구매는커녕 광고조차 거의 누르지 않았다. 이럴 때는 좋아해야 할까, 슬퍼해야 할까? 제품과 서비스는 잘 팔리는데 기분은 찝찝한 웃픈 상황이다.

우연한 기회도
자산이 될 수 있다

잘 팔리고 돈 많이 벌리는데 뭐가 문제냐며 누군가는 행복한 고민이라 말할지도 모르겠다. 하지만 이는 사업 측면에서 생각해보면 사업 전략과 상품 기획, 마케팅과 브랜드 전략의 대참사에 가깝다. 사업을 잘한다는 것은 시장과 고객을 정확하게 예측하고 가용자원을 효율적으로 활용해서 최고의 성과를 낸다는 의미이기 때문이다.

이 경우는 그야말로 소가 뒷걸음질 치다가 쥐를 잡은 격이다. 사업에서 '운'을 무시할 수는 없지만, 사업을 우연과 운에 의지한다면 복잡하게 머리를 쓸 이유가 없다. 중요한 의사결정은 모두 점쟁이에 맡기면 된다.

그렇다고 해서 너무 실망할 필요는 없다. 결과적으로는 잘 팔리는 제품과 서비스를 만들어냈다는 사실은 이유와 상관없이 대단한 것이다. 대신 우연히 얻은 성과를 어떻게 사업의 자산이자 노하우로 만들지를 고민하고 경험을 쌓아가면서 의도한 성공을 할 수 있는 역량을 키워나가면 된다. 사업은 매 순간 성공 가능성을 높여가는 내재적 역량을 쌓는 과정이자 그 과정을 통해 성장하는 것이다.

우연과 운으로 사업이 제대로 터져주는 일은 비단 스타트업이나 작은 기업에만 찾아오는 일은 아니다. 대기업이나 글로벌 기업에서도 종종 벌어진다.

2000년대 중후반, 전 세계의 TV 생산기업들이 디스플레이 기술 발전과 시장 트렌드 변곡점을 맞아 글로벌 시장을 두고 한창 전쟁을 벌이던 시기가 있었다. 기술적으로는 그 당시 반세기 이상 TV 시장을 장악해온 브라운관이 있었고, 브라운관 TV에 반기를 들고 브라운관의 단점을 공략한 대형 평판 TV의 쌍두마차 LCD와 PDP가 브라운관을 견제하면서 서로 전쟁을 벌였다. 여기에 스스로 빛을 내고 색 재현이 압도적이라는 OLED가 호시탐탐 시장에 끼어들 준비를 하고 있었다. 한편 시장에서는 일본과 유럽 TV 업체들이 우리나라와 중국 업체들과 피 터지는 사생결단 혈투를 벌이고 있었다.

이런 상황에서 LCD TV 하나가 홀연히 등장했다. 와인 이름을 딴 이 LCD TV는 모두가 TV의 기술적 우위와 화면 사이즈로 경쟁할 때 모두 비슷비슷하게 생겨서 구분하기 어려웠던 평판 TV에 디자인을 입혀서 평판 TV도 예쁠 수 있다는 것을 증명했다. 시장과 고객은 이 제품에 열광했다. 조금 과장해서 말하면 이 LCD TV 하나가 이 혼란한 시기를 종결시키고 TV 시장을 평정해버리는 계기를 만들어냈다. 이후 기술은 LCD

가 주류가 되었고(참고로 지금 LED TV라 말하는 것들이 실제로는 LCD TV다), TV는 대형 평판 TV로 도약했다. 그리고 일본과 유럽 업체들이 사업을 접으면서 우리나라가 글로벌 TV 시장을 장악했다.

대반전은 이 LCD TV가 처음부터 대중 시장을 공략해서 판매를 극대화할 주력 제품으로 기획하고 만든 제품이 아니라는 점이다. 시장을 공략할 주력 라인업은 따로 있었다. 이 제품은 LCD TV도 디자인으로 가치를 부여할 수 있다는 것을 보여주는 상징적인 제품으로 이 가치에 소구하는 특정 고객을 위한 니치시장용이었다. 즉 LCD TV의 새로운 고객 가치로 디자인을 생각할 수 있다는 것만 보여주면 출시 목적과 역할을 충분히 다하는 것이었다. 그런데 예상을 벗어나 전체 TV 시장의 판을 뒤흔들어버린 메가히트작이 되었다.

그 이후 어마어마한 성과에 맞춰서 원래부터 그럴 줄 알았고 그렇게 기획했다고 끼워 맞춰서 이야기하는 사람들이 많았다. 하지만 솔직히 이 바닥에서 알 만한 사람은 다 아는 이야기다. 의도한 바에서 벗어나도 너무나 벗어나 안드로메다로 가버렸으니 사업 전략과 상품 기획, 마케팅과 브랜드 전략 면에서는 그야말로 최악의 사례 중 하나다. 이 기업이 정말 잘한 점은 예상치 못하게 대박이 나기 시작하자 즉각적으로 사

업 방향을 거기에 맞춰 기민하게 대응하여 기회를 잘 붙잡았
고, 성공 경험을 자산으로 만들어가면서 결국 TV 시장을 장
악했다는 것이다.

고객이 제품과 서비스의 몰랐던 가치를
알려주기도 한다

앞서 이야기한 TV 사례에서 그 기업이 잘한 것은 의도하지는
않았지만 시장과 고객이 확인된 순간 곧바로 그 흐름을 탔다
는 것이라고 짚었다. 영리기업이라면 돈이 모이고 돈이 보이
는 시장에 들어가서 고객 니즈에 맞춰 고객이 제품을 살 이유
를 제공하고 돈을 쓰게 만드는 것이 현명한 판단이자 행동이
다. 흥미로운 점은 시장과 고객이 제품과 서비스의 쓰임새와
효용을 직접 만들어내는 일이 심심치 않게 벌어진다는 것이
다.

한 업체을 컨설팅할 일이 있었다. 손톱에 붙이는 패션네일을
만드는 곳이었는데, 기대만큼 팔리지 않아 어떻게 하면 재고
를 줄이고 판매를 늘릴 수 있을지 고민하고 있었다.

현황을 꼼꼼히 점검하는데 특이한 점을 발견했다. 전반적으

로 판매가 매우 부진했는데, 지방의 특정 지역 몇몇은 숫자가 눈에 띌 정도로 판매가 잘되고 있었다. 그 지역 판매에 대한 세부자료를 요청해서 분석을 진행해보니 지방의 시나 읍 규모 지역에 사는 40대 중반부터 60대 초반까지 소득 기준 중하위층 여성 고객이 제품을 사고 있었고, 재구매율도 매우 높았다.

역시 반전은 회사가 제품 기획부터 출시까지 이들을 타깃 고객으로는 전혀 생각하지 않았다는 점이다. 그런 이유로 유통 채널이나 프로모션도 이들과 이들이 사는 지역에 풀지 않았다. 그런데도 이들은 익숙하지 않은 온라인 판매채널까지 들어와서 사고 있었다. 고객 리뷰를 확인하고 약식으로 추가 인터뷰를 진행해보니 이들의 제품 만족도는 매우 높았고 주위에 입소문까지 내주고 있었다.

고객은 주로 식당 일 등 몸을 쓰는 일을 하는 분들이었는데, 이 기업이 만든 패션네일의 특징인 붙였다 떼어내기를 반복할 수 있는 접착 기능에 매력을 느끼고 있었다. 몸 쓰는 일을 하다 보니 일하는 동안은 네일을 붙일 수 없었기 때문이다. 요즘 찾기 어려운 과감한(?) 디자인에도 열광했다. 타깃을 재조정해서 접근한다면 지금 기업이 갖고 있는 문제를 한번에 해결할 수 있는 가능성이 보였다.

하지만 그 업체는 그 결과를 받아들이지 않았다. 정확하게는 창업가가 받아들이지 않았다. 자신이 이 제품을 만든 이유는 트렌디하고 패셔너블한 대도시의 2030 젊은 여성을 위한 것이고, 목표는 자신의 제품을 붙인 여성들이 강남 거리를 활보하는 것이라고 했다. 자기 제품을 지방에 사는 아줌마들이 쓰는 것은 원하지 않는다며 기분이 나쁘다고까지 했다. 그렇게 말하고서 내게 자기 제품을 자기가 원하는 고객들이 쓸 수 있는 방법을 알려달라고 했다. 그런데 역시나 돈은 없고 재고를 먼저 팔아야 하고 디자인도 바꿀 생각도 없다고 했다. 그 말을 듣고 나는 더 이상 컨설팅을 진행하지 않았다. 이후 이 기업이 어떻게 되었는지는 굳이 말하지 않겠다.

시장과 고객이 정해준
효용과 가치를 인정하면 돈이 보인다

이런 일도 있었다. 캠핑용품을 기획·제작해서 파는 스타트업이었는데, 제품 자체의 강점과 차별적 우위가 명확했다. 이미 캠핑용품 시장의 얼리 어답터들에게 반응도 좋았다. 하지만 얼리 어답터 고객을 넘어서 대중시장으로는 좀처럼 넘어가지 않았다. 소위 캐즘(chasm)에 빠진 것이었다. 인지도 문제인가 싶어서 캠핑 시장의 유명 인플루언서와 함께 마케팅을 진행했지만 매출에는 크게 도움이 되지 않았다. 그래서 어떻게 현 상황을 극복하고 캠핑 시장의 주요 고객에게 어필할 수 있을지 컨설팅을 요청받았다.

캠핑 시장은 고객군이 마니아층과 일반인층으로 명확하게 구분된 레저·스포츠 시장의 전형이다. 마니아층의 경우 이미 자기 취향이 분명하고 필요한 제품은 이미 웬만큼 다 가지고 있다. 캠핑용품에 대한 소비를 아끼지는 않지만 선택이 매우 까다롭다. 일반인층은 마니아를 따르며 캠핑 문화를 동경하는 성향을 가진 부류와, 남의 눈치를 보지 않고 자기 상황에 맞춰 실속 있고 가볍게 즐기는 부류로 다시 나눌 수 있다.

이 스타트업의 상품은 어떤 용기로도 버너 없이 간편하게 물을 끓이거나 소독을 할 수 있는, 기능적 차별성이 극대화된 제품이었다. 이러한 편의성에도 불구하고 이 제품은 캠핑 문화를 적극적으로 즐기거나 동경하는 사람들에게는 매력이 떨어졌다. 조금 불편해도 그 자체가 캠핑의 낭만이라고 생각하는 사람들, 그리고 남에게 보여주기 위해서 제품의 브랜드가 중요하다고 생각하는 사람들에게는 이렇게 편리함과 실용성이 앞선 제품은 캠핑용품으로 환영받기 어려웠다. 캠핑을 가볍게 즐기는 일부 사람들에게만 팔기에는 시장 자체가 작았다.

이번에도 우선 고객들이 이 제품을 어떻게 쓰고 있는지를 꼼꼼히 살펴보기 시작했다. 반년 이상 먼저 판매를 시작해서 고객수와 반응이 다양한 일본 판매 현황을 분석하다가 흥미로운 부분을 발견했다. 일본의 20대 남성과 40대 중반 이후 남성의 판매 비중이 높았는데, 캠핑을 취미로 하지 않는 고객 비중이 꽤 높았다. 이들이 왜 샀고 어떻게 쓰고 있는지를 조사해보니, 집에서 물을 끓여서 라면 등으로 가볍게 한 끼를 때우거나 차를 마실 때 쓴다는 것이었다. 용기 모양을 가리지 않으니 냄비와 커피포트를 따로 쓸 일이 없고, 음식이나 차를 담아내기 위해 다시 그릇이나 잔을 쓸 일도 없이 한 번에 해결할 수 있어서 설거지도 줄고 매우 편리하다는 반응이었다. 제품을 내놓을 때 전혀 생각하지 못했던 부분이었다.

당연히 해결책은 캠핑 시장을 포기할 필요는 없지만(이미 나온 제품들과 후속 제품 라인업이 캠핑 카테고리를 구성하고 있어서 사업 방향성 전체를 흔들 만한 상황은 아니었다) 고객들이 보여준 쓰임새에 맞춰서 타깃을 다시 설정하는 것이었다. 새로운 시장과 고객에 포지셔닝하여 즉각적이고 단기적으로 매출을 끌어 올리도록 했다. 두 시장은 매우 이질적이라 기업이 아주 유명해지기 전까지는 당분간 서로 부정적인 영향을 미칠 여지가 없었기 때문이다.

무신사의 사업 방향성 재설정 사례는 철저히 고객이 요청하는 것에 응한 대표적인 경우다. 무신사의 시작이 신발이나 옷을 올리고 자랑하거나 정보를 나누던 커뮤니티였다는 사실은 앞서 살펴보았다. 커뮤니티가 성장하면서 커뮤니티 멤버들이 보다 정돈된 옷과 신발에 대한 정보를 요청했고, 이를 바탕으로 코디잡지로 사업이 확장되었다. 이후 사람들은 정보를 얻는 수준을 넘어 그 자리에서 곧바로 옷과 신발을 사고 싶어 했고, 드디어 무신사는 현재의 모습으로 틀을 갖추기 시작했다.

얼마 전에 컨설팅한 스타트업도 마찬가지 방법으로 접근했다. 이동하는 사람이나 사물을 자동으로 쫓는 기술을 가지고 스마트폰과 엮어서 동영상을 찍어주는 제품을 파는 곳이었는데, 시장에 성공적으로 진입했지만 2~3년 만에 캐즘에 빠져버렸다. 이들의 타깃 고객은 주로 전문 유튜버들이었는데, 타깃 사이에서는 잘 알려진 제품이었지만 일반 대중의 인지도는 낮았다. 이 제품을 아는 일부 사람들조차 유튜버들이나 쓰지, 자신들과는 별 상관 없는 제품으로 인식하고 있었다.

그래서 우선 판매 사례를 분석해 사람들이 그동안 이 제품을 어떻게 쓰고 있었는지를 파악하고 정리하게끔 컨설팅했다. 그 결과 재미있는 사례들이 많이 나왔다. 고객들은 이 제품을 댄스나 웨이트 트레이닝, 아이나 반려동물 촬영 등 기업이 본래 의도한 바와 달리 다양한 용도로 사용하고 있었다. 그런 사례들 중 고객이 관심을 가질 만한 것들을 다시 추려서 고객이 이 제품을 어떤 상황에서 무슨 목적으로 쓰면 좋은지를 제안하는 광고 활동을 진행했다. 고객을 통해 PMF를 찾고, 고객의 생각과 행동을 바꾸는 두 가지 전략을 동시에 적용한 것이다. 그러자 정체되어 있던 판매량은 신규 고객 유입과 함께 다시 증가하기 시작했다.

고객은 제품과 서비스를 사이에 둔 파트너가 될 수 있다

고객을 통해 새로운 시장을 발견하고 제품과 서비스를 팔 기회를 얻는 일이 자주 있다. 의도치 않게 찾아온 행운이지만, 이를 단순히 운이 좋았다고 넘겨버리면 다음을 기약할 수 없다. 반대로 이런 기회가 생겼더라도 눈물을 머금고 스쳐 보내야 하는 경우도 있다. 사업 방향성이나 브랜드 아이덴티티를 심각하게 해침으로써 중장기적으로 사업 성장을 방해하게 되는 경우다.

하지만 과거와 달리 고객들은 점점 더 적극적으로 제품과 서비스에 개입해서 기업이 의도한 방향이나 방법보다는 자신만의 시각으로 재해석해서 사용하는 일이 많아지고 있다. 이러한 현실을 생각할 때, 고객이 직접 찾아주는 Product-Market-Fit을 적극적으로 받아들이고 반영해서 유연하게 가는 것은 유의미한 사업 전략일 수 있다.

고객이 주도하는 PMF와 사업 기회

1. 의도와 상관없이 사업과 마케팅이 성공하는 경우도 있다. 운에 의한 단발적 성공에 그치지 않으려면 이를 내재적 역량으로 만들어야 한다.
2. 의도와 상관없이 시장과 고객이 우리 제품과 서비스의 쓰임새를 결정할 수도 있다.
3. 고객이 찾아준 PMF가 새로운 시장 진출의 기회가 될 수 있다.

그렇다면 고객에 대한 기존 마케팅 접근법은 모두 틀린 것인가?

당연히 그렇지는 않다. 시장과 고객을 바라보는 생각의 틀을 제공하고, 시장과 고객에게 접근하기 위한 기본적인 준비와 시작점을 제공한다는 점에서 기존 마케팅 접근법들은 모두 여전히 중요하고 반드시 해야만 한다. 기본이 없는 상태에서 곧바로 지금까지 언급한 것들을 적용하려 들면 대부분 실패하거나, 우연히 잘 풀렸다 해도 내재적 역량으로 쌓이지는 않을 것이다.

앞서 다룬 내용을 '고객의 지갑을 열기 위해서는 마케팅 교과서에서 배운 것 이상의 고민을 통해 고객과의 심리게임을 해야 하고, 고객의 겉모습과 하는 말에 휘둘릴 것이 아니라 그 밑에 숨어 있는 것을 찾아내야만 한다.'라는 메시지로 받아들이면 유용할 듯하다. 기존의 접근법으로 잘 풀리지 않을 때는 여태까지의 편견과 상식을 벗어나 새로운 관점으로 다시 문제를 바라보는 지혜가 필요한 것이다.

이 책을 읽는 동안 어떤 이들은 아프거나 고통스러웠을지 모른다. 수년에서 수십 년 동안 너무나 당연하다고 여겼던 생각의 틀을 계속 깨기를 요구받으니 뒤통수가 뻐근해지는 느낌이 들었을 것이다. 집필 중에 원고를 먼저 읽은 여러 스타트업 대표와 마케팅 담당자들도 공통적으로 '아프다'는 감상을 보내왔다.

독자 역시 읽으면서 고통스러웠겠지만, 고객과 마케팅 그리고 사업과 상품 기획에 관한 편견을 깸으로써 세상을 다시 볼 수 있는 관점을 받아들일 준비를 했을 것이라 생각한다. 그리고 트렌드를 파악하고 예측하는 훈련으로 시야를 넓힐 인사이트 또한 갖출 수 있게 되었을 것이라 믿는다. 마지막으로 Product-Market-Fit을 찾아가는 과정을 통해 '그래서 무엇을 어떻게 할 것인가?'라는 질문에 나름대로의 해답을 발견하였을 것이다. 이러한 과정이 사업과 마케팅에서의 성공을 무조건 보장한다고 장담은 못하겠지만, 적어도 망하지 않고 생존할 수 있는 힘이 반드시 되리라 생각한다.

마지막으로 사업 전략과 마케팅에 관한 강연이나 컨설팅을 할 때마다 '트렌드, 시장, 고객'의 관계에 관해 언급하는 말로 책을 마무리하려고 한다.

'트렌드를 보고 시장을 찾고, 시장을 보고 아이템을 찾고, 고

객을 보고 아이템을 구체화한다.'

이 틀 안에서 크고 작은 문제에 부딪혔을 때 이 책을 통해 얻게 된 지식이나 인사이트가 도움이 될 것이다.

당신의 사업과 마케팅이 성공적이길 진심으로 기원한다.